www.wunderkessel.de

Liebling

Ba

Warum Sie dieses Buch lieben werden

Bewährt, gelingsicher und schmackhaft

Unter diesem Motto haben wir für Sie in unserer Wunderkessel-Buchreihe eine Auswahl beliebter und gelingsicherer Rezepte zusammengestellt.

Praktisch, schnell und gut

Behalten Sie den Überblick!
Der übersichtliche zweispaltige Aufbau der Rezepte ermöglicht es Ihnen, sämtliche Zutaten für die Einkaufsliste auf einen Blick zu erfassen. Durch die direkte Verknüpfung von Zutaten und den dazugehörigen Arbeitsschritten können Sie das jeweilige Rezept systematisch von oben nach unten „abarbeiten".

Ein Rezept – viele Möglichkeiten

Bleiben Sie flexibel!
Die zahlreichen praxistauglichen Anmerkungen, Rezeptvarianten und Serviervorschläge helfen Ihnen, die Rezepte Ihrem ganz persönlichen Geschmack, dem individuellen Anlass und dem Inhalt Ihres Vorratsschrankes anzupassen.
Für jeden Geschmack und jede Gelegenheit ist etwas dabei.

Mehr als nur ein Buch

Unter ***http://www.wunderkessel-kochbuch.de*** finden Sie weitere kostenlose Ergänzungen zu unseren Kochbüchern, wie beispielsweise Zutatenindex, Rezeptfotos, Gesamtinhaltsverzeichnis aller Bände und vieles mehr.

Viel Spaß beim Nachkochen!

Barbara Böing, Melanie Winkler-Vorbeck u. Sacha Vorbeck
Juni 2011

Über uns

Als Betreiber von www.wunderkessel.de bekommen wir täglich viele Anregungen, aus denen immer wieder neue Rezeptideen und eigene Kreationen entstehen.
Unsere Leidenschaft treibt uns dazu an, diese Rezepte so lange zu verbessern, bis sie gut genug sind, um als Lieblingsrezepte in unsere Kochbuchreihe aufgenommen zu werden.
Unsere Kenntnisse und Ansprüche entwickeln sich dabei ständig weiter.
Obwohl im Alltag oft nicht viel Zeit bleibt, soll es nicht nur hervorragend schmecken, sondern auch noch gesund sein und uns glücklich machen.
Wir hoffen, dass Ihnen unsere Rezepte genauso viel Freude bereiten wie uns und freuen uns auf Ihre Rückmeldung.

Wunderkessel.de ist die größte Internetcommunity rund um das Thema Kochen mit Küchenmaschinen, insbesondere mit dem „Wunderkessel"!

Tausende begeisterte Köchinnen und Köche haben in den Austauschforen seit 2001 weit über 20.000 Rezepte zusammengetragen, getestet und kommentiert — und täglich werden es mehr! In angenehmer Atmosphäre tauscht man sich hier aber längst nicht mehr nur über Rezepte aus. Viele Teilnehmer kennen sich mittlerweile von zahlreichen regionalen und überregionalen Treffen schon persönlich. „Wunderkesseln" steckt an.

Wir freuen uns auf Ihren Besuch unter
http://www.wunderkessel.de/

Bleiben Sie auf dem Laufenden!

Wenn Sie auch zukünftig über unsere Neuerscheinungen informiert werden wollen, dann schreiben Sie uns doch einfach eine E-Mail mit dem Betreff „Newsletter" an:

newsletter@wunderkessel.de

Inhaltsverzeichnis

SUPPEN

HAUPTGERICHTE

BEILAGEN

SAUCEN – HEISS

OFENGERICHTE UND HERZHAFTES BACKEN / SNACKS

NACHSPEISEN

BROT

BRÖTCHEN

BROTAUFSTRICHE

DIPPS UND SAUCEN – KALT

TORTEN, KUCHEN UND GEBÄCK

SELBSTGEMACHTES

Bärlauchschaum, feiner

1	**Zwiebel**	in den Mixtopf geben, 3 Sekunden / Stufe 5 zerkleinern und mit dem Spatel nach unten schieben.
30 g	**Öl**	zugeben und 2 Minuten / Dampfgarstufe / Stufe 1 glasig dünsten.
150 g	**Bärlauch (frisch)**	verlesen, putzen, gut waschen und wie Salat trocken schleudern. 8 Blätter davon für die Dekoration zur Seite legen, den Rest mit in den Mixtopf geben und weitere 2 Minuten / 100° / Stufe 1 anschwitzen. Mit
130 g	**Weißwein**	ablöschen und 2 Minuten / 100° / Stufe 1 aufkochen.
800 g	**Wasser**	
1 – 2 EL	**Gemüsebrühe (instant)**	zufügen und alles 15 Minuten / 100° / Stufe 1 köcheln lassen.
200 g	**Sahne**	zugießen und weitere 20 Minuten / 90° / Stufe 1 köcheln. Nach Ablauf der Garzeit die Suppe mit
etw	**Salz**	
etw	**Pfeffer (weiß)**	
etw	**Zitronensaft**	abschmecken und 1 Minute / 90° / Stufe 10 fein aufschäumen. In Suppenteller umfüllen und mit den Bärlauchblättern dekorieren.

Serviervorschlag:

- Mit frischem Baguette genießen.

Sellerie-Apfelcrèmesuppe

200 g	**Knollensellerie (geschält, in groben Stücken)**	
1	**Apfel (mittelgroß, ungeschält, in groben Stücken)**	in den Mixtopf geben und 5 Sekunden / Stufe 5 zerkleinern.
30 g	**Olivenöl**	einwiegen und alles 4 Minuten / Dampfgarstufe / Stufe 1 dünsten.
500 g	**Wasser**	
1 EL	**Gemüsebrühe (instant)**	zugeben und 20 Minuten / 100° / Stufe 1 aufkochen.
100 g	**Sahne**	zufügen und 10 Sekunden / Stufe 10 pürieren. Mit
etw	**Salz**	und
etw	**Pfeffer**	abschmecken.

Anmerkung:

- Diese Suppe schmeckt nicht nur Sellerie-Fans. Lassen Sie sich überraschen!

Rezeptvarianten:

- Für die schlanke Linie einfach die Sahne durch Milch oder fettreduzierte Sahne austauschen.
- Wer die Suppe gerne etwas flüssiger mag, gibt insgesamt 200 g Sahne (oder Milch) zu.
- Für mehr „Biss“ die Suppe nach Ablauf der Garzeit nur ca. 5 Sekunden / Stufe 6 grob pürieren.
- Nach Geschmack 1 EL Calvados zugeben.

Serviervorschlag:

- Mit Croutons bestreuen und einem Klecks Saurer Sahne oder Crème fraîche garnieren.

Tom Kha Suppe

1	**Paprika (rot, in Stücken)**	
1	**Möhre (in Stücken)**	in den Mixtopf geben, 3 Sekunden / Stufe 5 zerkleinern und umfüllen.
1	**Chilischote (rot, entkernt)**	in den Mixtopf geben und 3 Sekunden / Stufe 10 fein hacken.
2 Stängel	**Zitronengras (in Stücken)**	zugeben und 20 Sekunden / Stufe 10 ebenfalls fein hacken.
20 g	**Galgant**	zufügen und 7 Sekunden / Stufe 10 zerkleinern.
1 TL	**Thai-Currymischung**	
10 g	**Erdnussöl**	einwiegen und 2 ½ Minuten / Dampfgarstufe / Stufe 1 anschwitzen. Das zerkleinerte Gemüse wieder einfüllen und weitere 2 Minuten / 100° / Stufe 1 dünsten.
700 g	**Wasser**	
1 – 2 EL	**Gemüsebrühe (instant)**	dazugeben und 7 Minuten / 100° / Rückwärtsgang / Stufe 1 erhitzen.
750 g	**Kokosmilch**	
200 g	**Udon-Nudeln**	einwiegen und ca. 8 Minuten / 100° / Rückwärtsgang / Stufe 1 kochen, bis die Nudeln fast weich sind.
1 EL	**Zitronensaft**	
5	**Kaffir-Zitronenblätter**	

1 EL	**Sojasauce (dunkel)**	zufügen und weitere 3 Minuten / 90° / Rückwärtsgang / Stufe 1 unterrühren. Die Zitronenblätter vor dem Servieren wieder entfernen.

Anmerkungen:

- Je nach Schärfe eventuell nur ½ Chilischote zugeben.
- Vorsicht bei der Verarbeitung der Chilischote! Waschen Sie sich danach gründlich die Hände und vermeiden Sie den Kontakt mit Ihren Augen! Am besten sogar Handschuhe bei der Verarbeitung anziehen.
- Galgant kommt aus der Familie des Ingwers und ist in Asien heimisch. Dort ist es ein beliebtes Gewürz und wird auch in der Heilkunde verwendet. Galgant ist sehr scharf und sollte daher vorsichtig dosiert werden. Es ist in jedem gut sortierten Asia-Laden erhältlich.
- Udon ist eine Nudelsorte der japanischen Küche. Sie sind dort die dicksten Nudeln und werden zu vielen verschiedenen Gerichten verarbeitet. Sie finden diese Nudeln mittlerweile fast in jeder Asia-Abteilung des Supermarktes. Die Garzeit der Nudeln entnehmen Sie bitte der Packungsangabe.
- Vom Zitronengras das untere, kurze, holzige Stück sowie das obere, grüne und längere Stück abtrennen. Verwendet wird lediglich der weiße mittlere Teil. Die äußere Hülle ebenfalls abtrennen. Da Zitronengras sehr faserig ist, sollte es möglichst fein gehackt werden.
- Galgant, Zitronengras und entkernte Chilischoten lassen sich zerkleinert übrigens wunderbar einfrieren. Sie können sich so einen Grundstock mit den oft nicht leicht erhältlichen Zutaten für diese Suppe anlegen und die Zubereitungszeit zudem nochmals verkürzen.

- Kaffir-Zitronenblätter sind eine beliebte Zutat in der thailändischen Küche. Sie erhalten diese im gut sortierten Asia-Laden. Die Kaffir-Zitronenblätter werden nicht mitgegessen. Damit man sie nicht – wie üblich – erst auf dem Teller aus der Suppe schieben muss, kann man die Blätter auch in einem Teebeutel oder einer speziellen Gewürz-/Teekugel in den Mixtopf geben. Achten Sie nur bitte beim Einhängen darauf, dass der Beutel bzw. die Kugel nicht bis zum Mixmesser reicht, da dieses zu Beschädigungen führen kann.

- Diese Suppe ist im Wunderkessel leicht herzustellen und schmeckt herrlich exotisch. Die sehr geschmacksintensiven Zutaten wurden in diesem Rezept vorsichtig dosiert, da viele sich hierzulande erst einmal an ein solches Geschmacksfeuerwerk gewöhnen müssen.

Rezeptvarianten:

- Anstelle der Thai-Currymischung können Sie auch 1 EL rote Thai-Currypaste verwenden.

- Die Mengen an Chili, Galgant etc. können nach Gusto variiert werden. Es ist wirklich schwer, aus diesem Rezept eine „nicht leckere“ Suppe herzustellen.

- Durch die Variationsmöglichkeit passt die Suppe auch zu jeder Jahreszeit! Im Sommer weckt sie die Lebensgeister mit etwas mehr Limettensaft und Kaffir-Zitronenblättern. Im Winter wärmt sie Leib und Seele mit etwas mehr Chili und Galgant.

- Auch das Gemüse darf nach Lust und Laune ausgetauscht werden, beispielsweise durch Babymais, Erbsen, Zuckerschoten oder Brokkoli.

- Sie können Galgant durch Ingwer ersetzen, wobei gerade Galgant einen ganz besonderen Geschmack hat, der die Suppe einzigartig macht.

Gemüse mit Nudeln, asiatisches

1 Stck	**Ingwer (walnussgroß)**	3 Sekunden / Stufe 7 auf das laufende Messer fallen lassen.
3	**Knoblauchzehen**	zugeben, 4 Sekunden / Stufe 10 fein hacken und umfüllen.
2	**Zwiebeln (rot, halbiert)**	in den Mixtopf geben, 4 Sekunden / Stufe 6 fein hacken und ebenfalls in eine separate Schüssel umfüllen.
2 TL	**Ghee**	
1 TL	**Koriander (gemahlen)**	
1 TL	**Kreuzkümmel (gemahlen)**	
½ TL	**Kurkuma**	
1 TL	**Kardamom (gemahlen)**	
1 TL	**Bockshornkleesamen (gemahlen)**	
1 ½ TL	**Salz**	
1 Msp	**Chilipulver**	in den Mixtopf füllen und 2 Minuten / Dampfgarstufe / Stufe 1 erhitzen. Die Zwiebeln wieder zugeben und weitere 1 ½ Minuten / Dampfgarstufe / Stufe 1 dünsten. Anschließend den Ingwer mit dem Knoblauch zugeben und nochmals 1 Minute / Dampfgarstufe / Stufe 1 erhitzen.
1 Do	**Tomaten (425 ml)**	

1 Do	**Kokosmilch (400 ml)**	
1 Do	**Mango (400 ml, inkl. Saft)**	hinzufügen und den Mixtopf schließen.
2	**Paprika (rot, in mundgerechten Stücken)**	
3	**Möhren (in Stiften)**	
1 Gl	**Sojabohnenkeimlinge (330 g Abtropfgewicht, abgetropft)**	gut vermischt im Garaufsatz verteilen. Dabei einige Luftlöcher frei lassen, damit beim Kochen noch genügend Dampf durchdringen kann. Den Garaufsatz aufsetzen, den Deckel auflegen und 25 Minuten / Dampfgarstufe / Stufe 1 garen. Nach Ablauf der Garzeit den Garaufsatz abnehmen und geschlossen lassen.
300 g	**Glasnudeln**	zur Garflüssigkeit in den Mixtopf geben und ca. 2 Minuten / Dampfgarstufe / Stufe 1 garen.

Anmerkungen:

- Wir empfehlen schnell kochende Glasnudeln oder noch besser japanische Somen, z. B. Bio-Somen von Hakubaku, u. a. erhältlich bei Amazon oder im Asia-Laden.
- Die Gewürze schmecken frisch gemahlen am besten. Das Zubereiten der Gewürze ist allerdings auch zeitaufwändig, daher bieten sich stattdessen fertige Gewürzmischungen wie Garam Masala oder Thai-Curry an. Alternativ können Sie sich natürlich auch mit

Ihrem Wunderkessel eine eigene Gewürzmischung auf Vorrat herstellen – das geht allerdings nur mit größeren Mengen Gewürzen, da diese sonst nicht richtig zerkleinert werden.

Rezeptvariante:

- Durch die Mango bekommt dieses Gericht einen sehr fruchtigen / erfrischenden Geschmack. Wenn Sie es etwas pikanter / würziger mögen, dann ersetzen Sie die Dose Mango durch 3 EL Mango-Chutney.

Seelachsfilet in Curry-Senf-Sauce

1000 g	**Wasser**	
2 EL	**Gemüsebrühe (instant)**	in den Mixtopf geben und diesen verschließen.
3	**Möhren (gewürfelt)**	
1	**Zucchini (gewürfelt)**	in den Garaufsatz füllen.
3 gr	**Seelachsfilets (tiefgekühlt)**	in den Einlegeboden legen und mit
etw	**Fischgewürz**	bestreuen.
1	**Zucchini (gewürfelt)**	neben und über dem Fisch verteilen, den Einlegeboden in den Garaufsatz setzen, den Deckel auflegen, auf den Mixtopf setzen und 35 Minuten / Dampfgarstufe / Stufe 2 garen. Nach Ablauf der Garzeit den Garaufsatz geschlossen halten und beiseite stellen.
350 g	**Garflüssigkeit**	im Mixtopf belassen.
100 g	**Milch**	
1 TL	**Currypulver**	
1 TL	**Senf**	
1 Spr	**Zitronensaft**	
1 TL	**Gemüsebrühe (instant)**	
½ TL	**Zucker**	
40 g	**Weizenmehl (Type 405)**	
etw	**Pfeffer**	zufügen, 10 Sekunden / Stufe 4 vermischen und anschließend 3 Minuten / 100° / Stufe 2 kochen. Den Fisch zusammen mit dem Gemüse und der Sauce servieren.

Rezeptvarianten:

- Wer mag, kann Reis oder Kartoffelwürfel im Siebeinsatz mitgaren.
- Das Gemüse kann nach Geschmack und Saison variiert werden.

Serviervorschlag:

- Fisch und Gemüse mit der Sauce auf einem Teller anrichten und mit frischer Petersilie bestreuen.

Hühnerfrikassée mit Reis

		Den Siebeinsatz einhängen,
200 g	**Reis (gewaschen)**	einwiegen,
1000 g	**Wasser**	einfüllen und den Mixtopf verschließen.
500 g	**Hähnchenbrustfilet (in kleinen Stücken)**	
1 Gl	**Spargel (abgetropft, 205 g, in Stücken)**	
250 g	**Champignons (frisch, in Stücken)**	in den Garaufsatz geben.
3	**Zwiebeln (geviertelt)**	
2	**Möhren (in Stücken)**	in den Einlegeboden füllen. Den Garaufsatz samt Einlegeboden aufsetzen, den Deckel auflegen und 40 Minuten / Dampfgarstufe / Stufe 1 garen. Nach Ablauf der Garzeit den Garaufsatz geschlossen halten und beiseite stellen. Den Reis ebenfalls warm halten. Die restliche Garflüssigkeit mit
	Wasser	auf 750 ml auffüllen.
2 ½ EL	**Hühnerbrühe (instant)**	
70 g	**Reismehl**	
1	**Zitrone (davon der Saft)**	
100 g	**Sahne**	

30 g	**Weißwein**	sowie die Möhren und Zwiebeln aus dem Einlegeboden zugeben und 4 Minuten / 100° / Stufe 5 kochen.
4 TL	**Kapern**	zugeben und 5 Sekunden / Stufe 2 unterrühren. Das Hähnchenfleisch zusammen mit den Champignons und dem Spargel in eine Schüssel umfüllen, mit der Sauce vermengen und zusammen mit dem Reis servieren.

Anmerkungen:

- Reismehl können Sie einfach selbst herstellen. Ein entsprechendes Rezept finden Sie in unserem Band 1.
- Sofern der Reis laut Packungsangabe eine kürzere Garzeit hat, diesen samt Siebeinsatz erst später in den Mixtopf einhängen.

Rezeptvarianten:

- Reismehl können Sie durch 60 g Speisestärke ersetzen.
- Anstelle der Sahne schmeckt dieses Rezept auch wunderbar mit der gleichen Menge Schmand.

Zucchinipuffer

120 g	**Käse (in Stücken)**	in den Mixtopf geben, 5 Sekunden / Stufe 5 zerkleinern und umfüllen.
500 g	**Zucchini (in Stücken)**	in den Mixtopf geben, 2 Sekunden / Stufe 5 zerkleinern, auf ein Geschirrtuch umfüllen und die Flüssigkeit so gut wie möglich auspressen. Anschließend wieder zurück in den Mixtopf geben.
2	**Eier**	
75 g	**Sahne**	
200 g	**Weizenmehl (Type 405)**	
etw	**Salz**	
etw	**Pfeffer**	
etw	**Muskat**	sowie den zerkleinerten Käse zufügen und alles ca. 1 Minute / Teigstufe mit Hilfe des Spatels unterrühren, bis eine dicke, „pampige" Masse entstanden ist. Diese für 10 Minuten ruhen lassen – der Teig sollte anschließend etwas Flüssigkeit gezogen haben, trotzdem aber noch recht dickflüssig sein. Nun wie Kartoffelpuffer in einer Pfanne mit
etw	**Öl**	knusprig braun ausbacken.

Anmerkung:

- Bei sehr großen Zucchini den weichen Mittelteil vor der Verarbeitung längs herausschneiden.

Rezeptvarianten:

- Statt Sahne die gleiche Menge Milch verwenden.
- Für die schlankere Linie die Zucchinipuffer im Ofen backen.

Serviervorschläge:

- Mit Kräuterquark, Joghurt-Dill-Sauce (Band 4), Knoblauch-Sauce (Band 3) oder einer Tomatensauce (z. B. Tomaten-Käse-Sauce, Band 1) genießen.
- Sehr lecker auch mit Apfelmus oder Marmelade.

Fischfrikadellen

100 g	**Käse (in Stücken)**	
1	**Zwiebel (groß, geviertelt)**	in den Mixtopf geben und 6 Sekunden / Stufe 5 zerkleinern.
500 g	**Fisch (Tiefkühlware, angetaut, in groben Stücken)**	
1	**Ei**	
2	**Brötchen (eingeweicht und ausgedrückt)**	
3 TL	**Schnittlauch (in Röllchen)**	
½ - 1 TL	**Salz**	
¼ TL	**Pfeffer**	zufügen und 20 Sekunden / Stufe 5 (eventuell mit Hilfe des Spatels) zerkleinern und vermischen. Aus der Masse ca. 8 bis 10 Frikadellen formen und diese in
etw	**Paniermehl**	wenden. Von beiden Seiten in einer leicht gefetteten Pfanne ca. 5 Minuten bei mittlerer Hitze braten.

Anmerkungen:

- Wenn Sie die Zwiebel lieber feiner mögen, dann zerkleinern Sie diese ein paar Sekunden länger.
- Sollte die Masse noch etwas zu weich sein, dann einfach noch 3-5 EL Paniermehl unterrühren.

- Die Fischfrikadellen sind super lecker und geschmacklich mal etwas anderes als herkömmliche Frikadellen.

Serviervorschläge:

- Mit etwas Remouladen-Sauce und einem grünen Salat servieren.
- Machen Sie mit den Fischfrikadellen doch mal Fischburger, mit einem Hamburgerbrötchen und Belag nach Wahl. Hier bieten sich unsere Sandwich-Brötchen an. Das Rezept finden Sie ebenfalls in diesem Band.
- Kalt in einem Brötchen auch sehr lecker!

Farfalle mit Erbsen und Ricottanockerln

Vorbereitung Nockerln

250 g	**Ricotta**	
80 g	**Weizenmehl (Type 405)**	
2	**Eigelb**	
50 g	**Parmesan (gerieben)**	
1 EL	**Kräuter (frisch, italienische, gehackt)**	
etw	**Salz**	
etw	**Pfeffer**	
1 Pr	**Muskat**	in den Mixtopf geben, 20 Sekunden / Stufe 3 vermischen und umfüllen.

Zubereitung

		Den Mixtopf säubern.
1	**Zwiebel**	in den Mixtopf geben, 5 Sekunden / Stufe 5 zerkleinern und mit dem Spatel nach unten schieben.
30 g	**Olivenöl**	einwiegen und 2 ½ Minuten / Dampfgarstufe / Stufe 1 andünsten. ***Den Rühraufsatz einsetzen!***
100 g	**Erbsen (frisch, aus der Konserve oder tiefgekühlt)**	zufügen und 5 Minuten / Dampfgarstufe / Rührstufe mitdünsten.
800 g	**Wasser**	
2 EL	**Gemüsebrühe (instant)**	
etw	**Salz**	

etw	**Pfeffer**	
evtl. 1 Pr	**Safran**	zugeben und ca. 11 Minuten / Dampfgarstufe / Stufe 1 zum Kochen bringen. Währenddessen aus der Nockerlnmasse mit 2 nassen EL Nockerln formen und diese im Garaufsatz sowie dem Einlegeboden verteilen. Den Einlegeboden in den Garaufsatz setzen und den Deckel auflegen. Sobald das Wasser kocht,
350 g	**Farfalle**	durch die Deckelöffnung in den Mixtopf geben, den Garaufsatz aufsetzen und ca. 12 Minuten / Dampfgarstufe / Stufe 1 kochen. Anschließend das Kochwasser abgießen, die Farfalle und Erbsen hierbei in einem Sieb auffangen, in eine Terrine umfüllen und mit
etw	**Butter**.................	und
20 g	**Parmesan (gerieben)**	vermischen. Mit
etw	**Kräutern (italienisch)**	bestreuen und zusammen mit den Nockerln servieren.

Anmerkung:

- Die Garzeit für die Nudeln entnehmen Sie bitte der Packungsangabe.

Rezeptvarianten:

- Selbstverständlich können Sie dieses Gericht auch mit anderen Hartweizennudeln zubereiten.
- Nach Geschmack gehackte Tomaten mit in die Terrine geben!

Reis mit Paprika-Käse-Sauce

1	**Knoblauchzehe**	
1	**Zwiebel**	in den Mixtopf geben, 5 Sekunden / Stufe 5 zerkleinern und mit dem Spatel nach unten schieben.
20 g	**Öl**	einwiegen und 2 ½ Minuten / Dampfgarstufe / Stufe 1 anschwitzen.
750 g	**Wasser**	
2 EL	**Gemüsebrühe (instant)**	zugeben, den Siebeinsatz einhängen und
200 g	**Reis (Thai oder Basmati, gewaschen)**	einwiegen, den Mixtopf schließen und ca. 18 Minuten / Dampfgarstufe / Stufe 1 garen. Nach Ablauf der Garzeit den Siebeinsatz herausnehmen, den Reis umfüllen und warm halten. Die Garflüssigkeit im Mixtopf belassen und mit
etw	**Milch**	auffüllen, sodass das Messer gut mit Flüssigkeit bedeckt ist.
1	**Paprika (rot, in Stücken)**	
20 g	**Speisestärke**	
etw	**Salz**	
etw	**Pfeffer**	
150 g	**Käse (herzhaft, in Stücken)**	
etw	**Kräuter (nach Geschmack)**	

evtl. 1 Pr **Chilipulver** .... zugeben und 4 Minuten / 100° / Stufe 5 aufkochen.

Den Reis zusammen mit der Sauce servieren.

Anmerkung:

- Richten Sie sich bei der Garzeit vom Reis bitte nach der Packungsangabe. Wir empfehlen unbedingt zwischendurch eine Garprobe zu machen und die Kochzeit gegebenenfalls anzupassen.

Rezeptvarianten:

- Statt Speisestärke können Sie die gleiche Menge Reismehl verwenden. Ein einfaches Rezept zur Herstellung von Reismehl finden Sie in unserem Band 1.
- Nach Geschmack noch Schmelzkäse, Saure Sahne oder Crème fraîche zugeben.
- Für ein Komplettgericht beliebiges Gemüse und Fleisch (z. B. Putenbruststreifen) in den Garaufsatz geben und zusammen mit dem Reis garen. Die Garzeit erhöht sich hier auf ca. 25 Minuten / Dampfgarstufe (Garprobe machen!). Sie sollten daher den Siebeinsatz mit dem Reis erst entsprechend später einhängen.

Putenstreifen mit Gemüse und Reis – im Garaufsatz gegart

1 Do	**Pizzatomaten (400 g)**	
1 TL	**Gemüsebrühe (instant)**	
½ TL	**Pfeffer**	
½ TL	**Paprikapulver (edelsüß)**	in den Mixtopf geben, 5 Sekunden / Stufe 5 verrühren und umfüllen.
500 g	**Wasser**	
1 EL	**Gemüsebrühe (instant)**	
1 Do	**Pizzatomaten (400 g)**	in den Mixtopf geben, verschließen und den Garaufsatz aufsetzen.
300 g	**Reis (Parboiled, gewaschen)**	in den Garaufsatz wiegen.
ca. 400 g	**Putenschnitzel (gewürzt, in Streifen)**	über den Reis geben und mit
4	**Möhren (in Scheiben)**	belegen. Die gewürzte Tomatensauce darüber gießen.
250 g	**Champignons (in Scheiben)**	
1 Bd	**Frühlingszwiebeln (in Ringen)**	
1 gr	**Zwiebel (rot, in Ringen)**	darauf verteilen und mit
1 TL	**Kräutersalz**	bestreuen.

200 g	**Gouda (in breiten Streifen)**	
1 Kugel	**Mozzarella (in Scheiben)**	gleichmäßig über das Gemüse geben. Den Deckel auflegen und 40 Minuten / Dampfgarstufe / Stufe 1 garen. Nach Ablauf der Garzeit den Garaufsatz abnehmen, den Deckel geschlossen halten und beiseite stellen.
100 g	**Sahne**	
2 EL	**Weizenmehl (Type 405)**	zur restlichen Garflüssigkeit in den Mixtopf geben und 4 Minuten / Dampfgarstufe / Stufe 4 aufkochen.

Anmerkung:

- Wir wollten es nicht glauben, aber der Reis kann tatsächlich im Garaufsatz gegart werden. Achten Sie beim Einfüllen nur darauf, dass nicht alle Schlitze bedeckt sind, sodass noch genügend Dampf durchdringen kann. Sollten ein paar Reiskörner durch die Schlitze rutschen, ist das nicht weiter tragisch. Sie verkochen einfach in der Sauce und dicken diese mit an.

Kürbiskernnockerln

		Den Backofen auf 150° Ober-/Unterhitze vorheizen.
20 g	**Käse**	in den Mixtopf geben, 3 Sekunden / Stufe 5 zerkleinern und umfüllen.
50 g	**Kürbiskerne**	in den Mixtopf geben, 10 Sekunden / Stufe 10 mahlen und umfüllen.
150 g	**Wasser**	
½ TL	**Salz**	in den Mixtopf geben und 3 Minuten / 100° / Stufe 1 aufkochen.
70 g	**Weizenmehl (Type 405)**	zugeben und ca. 1 Minute / Stufe 1 unterrühren, bis die Masse einen Kloß bildet. Etwas abkühlen lassen. Anschließend
1	**Ei**	zufügen und 20 Sekunden / Stufe 4 unterrühren.
150 g	**Quark (Magerstufe)**	
15 g	**Kürbiskernöl**	
etw	**Salz**	
etw	**Pfeffer**	sowie die gemahlenen Kürbiskerne und den Käse zugeben und 45 Sekunden / Teigstufe untermengen. Aus dem Teig mit 2 nassen Teelöffeln kleine Nockerln „abstechen" und diese auf ein mit Backpapier ausgelegtes Backblech legen. Bei 150° im vorgeheizten Backofen ca. 10 bis 15 Minuten backen.

Anmerkungen:

- Die Menge ergibt ca. 50 Nockerln, die sie nach Bedarf auch einfrieren können.

- Diese Nockerln sind eine sehr leckere Suppeneinlage.

Rezeptvariante:

- Sofern Sie kein Kürbiskernöl zur Hand haben, können Sie alternativ auch Olivenöl verwenden.

Serviervorschlag:

- Jeweils 3 bis 5 Nockerln in die Suppe geben und mit gehackten Kürbiskernen verzieren.

Kartoffelklöße

1000 g	**Wasser**	
2 EL	**Gemüsebrühe (instant)**	in den Mixtopf geben. Den Siebeinsatz einhängen und mit
800 g	**Kartoffeln (in Stücken)**	füllen. Den Mixtopf schließen und 30 Minuten / Dampfgarstufe / Stufe 1 kochen. Anschließend den Siebeinsatz entfernen, die Garflüssigkeit wegschütten, die Hälfte der Kartoffeln in den Mixtopf geben, 20 Sekunden / Stufe 5 zerkleinern und umfüllen. Die andere Hälfte der Kartoffeln ebenfalls in den Mixtopf geben und 20 Sekunden / Stufe 5 zerkleinern.
250 g	**Grieß**	
50 g	**Kartoffelmehl**	
1 TL	**Salz**	
1 Pr	**Muskat**	sowie die restlichen Kartoffeln zugeben und 15 Sekunden / Stufe 4 mit Hilfe des Spatels zu einem Teig verarbeiten. Den Teig entnehmen, mit feuchten Händen zu ca. 12 Klößen formen. In 2 Portionen à ca. 6 Klöße in kochendem Wasser ca. 15 bis 20 Minuten ziehen lassen.

Serviervorschlag:

- Reichen Sie Kartoffelklöße zu Fleischgerichten mit dunkler Sauce wie z. B. Pilzragout und Gulasch oder auch einfach nur mit einer leckeren Zwiebelsauce. Ein Zwiebelsaucen-Rezept finden Sie in unserem Band 5.

Linsenpüree

30 g	**Mandeln**	in den Mixtopf geben und 5 Sekunden / Stufe 10 mahlen.
3	**Frühlingszwiebeln (in Ringen)**	
20 g	**Öl**	zufügen und 2 Minuten / 100° / Stufe 2 andünsten.
100 g	**Linsen (rot)**	
450 g	**Wasser**	
1 EL	**Gemüsebrühe (instant)**	
1 Pr	**Salz**	
etw	**Pfeffer**	zugeben und 18 Minuten / 100° / Stufe 1 kochen. (Vorsicht! Falls es aufschäumt, auf Stufe 3 stellen und weiterkochen.) Mit
1 Msp	**Safran (gemahlen)**	
1 TL	**Kurkuma**	
1 Pr	**Chilipulver**	
½ TL	**Kreuzkümmel (gemahlen)**	würzen und alles 20 Sekunden / Stufe 10 pürieren.

Anmerkungen:

- Sehr lecker und würzig zusammen mit unserem Kartoffelpüree aus Band 1 oder den malaiischen Roti aus diesem Band!
- Je nach Linsensorte wird das Püree unterschiedlich fest.

Rezeptvariante:

- Als herzhaften Dipp mit 500 g Wasser kochen.

Bologneseauce mit Linsen und Grünkern, vegetarische

100 g	**Grünkern**	in den Mixtopf geben, 5 Sekunden / Stufe 10 schroten und umfüllen.
2	**Zwiebeln (halbiert)**	in den Mixtopf geben, 5 Sekunden / Stufe 5 zerkleinern und mit dem Spatel nach unten schieben.
10 g	**Olivenöl**	zufügen und 2 ½ Minuten / Dampfgarstufe / Stufe 1 andünsten.
100 g	**Möhren (in Stücken)**	zugeben und 3 Sekunden / Stufe 4 zerkleinern.
100 g	**Linsen (rot)**	
500 g	**Tomaten (passiert)**	
1 TL	**Rübenkraut**	
3 EL	**Suppengrundstock**	
200 g	**Wasser**	
1 Msp	**Chilipulver**	
1 TL	**Oregano**	
1 TL	**Majoran**	
1 TL	**Basilikum (getrocknet)**	
1 EL	**Sojasauce (dunkel)**	einfüllen und 25 Minuten / 90° / Rückwärtsgang / Stufe 2 garen.

Anmerkung:

- Suppengrundstock ist ganz einfach selbst herzustellen. Ein entsprechendes Rezept finden Sie in unserem Band 1.

Rezeptvarianten:

- Probieren Sie anstelle der passierten Tomaten mal stückige. Diese nach der Zugabe kurz auf Stufe 3 mit zerkleinern.
- Statt Rübenkraut Honig, Tomatenmark oder braunen Zucker verwenden.
- Alternativ zum Suppengrundstock kann auch Gemüsebrühe (instant) in gleicher Menge verwendet werden.

Serviervorschlag:

- Sehr lecker zu Pasta oder auch als Pizzasauce verwendbar.

Zucchini-Sahne-Sauce

1	**Knoblauchzehe**	
1	**Zwiebel**	in den Mixtopf geben, 5 Sekunden / Stufe 5 zerkleinern und mit dem Spatel nach unten schieben.
15 g	**Öl**	einwiegen und 2 ½ Minuten / Dampfgarstufe / Stufe 1 andünsten.
600 g	**Zucchini (in Stücken)**	zufügen und mit Hilfe des Spatels bei Sichtkontakt auf Stufe 4 bis zur gewünschten Größe zerkleinern.
etw	**Salz**	
etw	**Pfeffer**	
1 EL	**Gemüsebrühe (instant)**	
1 Pr	**Muskat**	zugeben und 10 Minuten / 100° / Rückwärtsgang / Stufe 1 aufkochen.
100 g	**Sahne**	
100 g	**Saure Sahne**	
100 g	**Frischkäse (natur)**	
etw	**Kräuter (nach Geschmack)**	zugeben und 2 Minuten / 100° / Rückwärtsgang / Stufe 1 kochen.

Anmerkungen:

- Diese Sauce ist schnell zubereitet und schmeckt hervorragend zu Pasta.
- Auch zum Überbacken mit einer Schicht geriebenem Käse über einem Auflauf bestens geeignet.

Rezeptvarianten:

- Für Fleischfans: ca. 100 g Speckwürfel zusammen mit den Zwiebeln andünsten.

- Wenn es gehaltvoller sein soll, 200 g Sahne verwenden und die Saure Sahne durch 200 g Crème fraîche austauschen. Dann allerdings den Frischkäse weglassen.
- Sojamilch-Variante: Anstelle der Sahne und der Sauren Sahne 150 g Soja-Kochcrème sowie 150 g Sojamilch verwenden.

Pasta-Sauce mit „Biss“

1	**Knoblauchzehe**	
1	**Zwiebel**	in den Mixtopf geben, 5 Sekunden / Stufe 5 zerkleinern und mit dem Spatel nach unten schieben.
30 g	**Olivenöl**	einwiegen und 2 ½ Minuten / Dampfgarstufe / Stufe 1 anschwitzen.
150 g	**Möhren (in Stücken)**	
100 g	**Paprika (rot, in Stücken)**	
800 g	**Dosentomaten (inkl. Saft)**	
100 g	**Tomatenmark**	
2 EL	**Gemüsebrühe (instant)**	
1 Pr	**Chilipulver**	
1 TL	**Paprikapulver (edelsüß)**	
etw	**Salz**	
etw	**Pfeffer**	zugeben und 10 Sekunden / Stufe 5 zerkleinern.
70 g	**Linsen (rot)**	
2 EL	**Basilikum (getrocknet)**	zufügen und alles 15 Minuten / 100° / Stufe 2 kochen.
60 g	**Frischkäse (Kräuter)**	einwiegen und 1 Minute / 90° / Stufe 2 unterrühren.

Anmerkungen:

- Diese leckere Sauce passt hervorragend zu Pasta.

- Sie können die Sauce auch mit der Pasta vermengen, in eine gefettete Auflaufform füllen, mit Käse bestreuen und im Backofen überbacken.

Rezeptvarianten:

- Tomatensaison? Dann schmeckt die Sauce mit frischen Tomaten natürlich noch besser!
- Anstelle des Chilipulvers können Sie auch Cayenne-Pfeffer verwenden.
- Der Kräuterfrischkäse kann durch Saure Sahne oder Crème fraîche ersetzt werden.

Erdnuss-Sauce

220 g	**Ananassaft**	
250 g	**Erdnusscrème/ -butter**	
1 TL	**Röstzwiebeln**	
1 TL	**Gemüsebrühe (instant)**	
½ TL	**Salz**	
2 EL	**Chilisauce (süß)**	
50 g	**Sojasauce (dunkel)**	in den Mixtopf geben, 3 Minuten / 80° / Stufe 2 erwärmen und anschließend 2 Sekunden / Stufe 6 vermischen.

Anmerkungen:

- Diese Sauce passt gut zu Fleischspießen und Grillgerichten, aber auch zu Hühnchen oder Gemüse mit Reis. Hinweise zur Zubereitung von Fleischspießen im Garaufsatz finden Sie in unserem Band 1 auf Seite 45.
- 220 g Ananassaft entspricht in etwa der Menge Saft, die man aus einer normalen Ananas-Konservendose mit einer Füllmenge von 565 g abgießen kann.
- Ein Rezept zur einfachen Herstellung von Erdnusscrème finden Sie in unserem Band 5.

Rezeptvarianten:

- Wer es nicht ganz so salzig mag, kann die Gemüsebrühe weglassen.
- Nach Geschmack mit Kokosmilch verfeinern.
- Sie mögen es scharf? Einfach 1 Prise Chilipulver zugeben.

Knusperoliven

		Den Backofen auf 220° Ober-/Unterhitze vorheizen.
250 g	**Gouda (in Stücken)**	in den Mixtopf geben und 10 Sekunden / Stufe 4 bis 10 (d. h. bei Stufe 4 starten und langsam auf Stufe 10 hoch schalten) zerkleinern.
150 g	**Weizenmehl (Type 405)**	
125 g	**Butter (in Stücken)**	
1 Pr	**Salz**	
1 Pr	**Pfeffer**	zufügen und 10 Sekunden / Stufe 5 verkneten. Den Teig entnehmen, zu einer Rolle von ca. 3-4 cm Durchmesser formen und diese in ca. 1 cm dicke Scheiben schneiden. In jede Scheibe
je 1	**Olive (gefüllt, insgesamt ca. 200 g)**	drücken, mit dem Teig umschließen, zu einer Kugel formen und auf ein mit Backpapier ausgelegtes Backblech legen. Bei 220° im vorgeheizten Backofen ca. 20 Minuten knusprig backen.

Anmerkungen:

- Das Rezept ergibt ca. 28 Knusperoliven.
- Dazu passt Federweißer oder ein kühles Bier.

Lachsforelle im Spinatmantel

Vorbereitung

450 g	**Spinat (Blattspinat, tiefgekühlt)**	in den Siebeinsatz füllen und einige Stunden (oder über Nacht) im Kühlschrank auftauen lassen.

Strudelteig

250 g	**Weizenmehl (Type 405)**	
15 g	**Öl**	
125 g	**Wasser (lauwarm)**	
1 Pr	**Salz**	in den Mixtopf geben und 2 Minuten / Teigstufe zu einem glatten Teig verarbeiten. Den Teig entnehmen, ca. 50-mal mit „Wucht“ auf die Arbeitsplatte schlagen, zu einer Kugel formen, mit
etw	**Öl**	bestreichen und bei Zimmertemperatur mindestens 1 Stunde ruhen lassen. Anschließend auf einer bemehlten Arbeitsfläche dünn ausrollen, danach vorsichtig auf eine Größe von ca. 60 x 50 cm hauchdünn ausziehen. Auf ein großes, bemehltes Tuch geben und in Form ziehen.

Fertigstellung

600 g	**Lachforellenfilet (entgrätet)**	in 4 gleichmäßige Stücke schneiden und mit

etw	**Salz**	
etw	**Pfeffer**	
etw	**Zitronensaft**	würzen und in einer Pfanne in
etw	**Butter**	kurz anbraten, sodass die Poren sich geschlossen haben, der Fisch aber innen noch komplett roh ist. Den Fisch beiseite stellen.
1	**Knoblauchzehe**	
1	**Zwiebel (klein)**	in den sauberen Mixtopf geben, 5 Sekunden / Stufe 5 zerkleinern und mit dem Spatel nach unten schieben.
15 g	**Öl**	zugeben und 2 Minuten / Dampfgarstufe / Stufe 1 andünsten. Den aufgetauten Spinat etwas ausdrücken und zugeben.
150 g	**Sahne**	zugießen, mit
etw	**Salz**	
etw	**Pfeffer**	
1 Pr	**Muskat**	würzen und ca. 30 Minuten / 100° / Rückwärtsgang / Stufe 1 (ohne Messbecher) kochen, bis kaum noch Flüssigkeit im Topf ist. Den Mixtopf samt Inhalt kalt stellen. Den Backofen auf 200° Ober-/Unterhitze vorheizen. Die Teigplatte in 4 gleich große Stücke schneiden.
1	**Ei**	
40 g	**Paniermehl**	zum etwas abgekühlten Spinat geben, 10 Sekunden / Rückwärtsgang / Stufe 2 untermengen, gleichmäßig auf die Teigstücke verteilen und glatt streichen (dabei einen Rand lassen). Den Mixtopf säubern.

		Die Lachsforellenfilets auf den Spinat setzen, die Strudel aufrollen und vorsichtig auf ein mit Backpapier ausgelegtes Backblech legen. Mit
etw	**Butter (zerlassen)**	bestreichen und im vorgeheizten Backofen bei 200° ca. 20 Minuten backen.

Sauce

1	**Zwiebel**	in den Mixtopf geben und 5 Sekunden / Stufe 5 zerkleinern.
270 g	**Weißwein**	
1	**Lorbeerblatt**	
10	**Pfefferkörner (weiß)**	
2	**Nelken**	
etw	**Salz**	
etw	**Pfeffer**	
1 TL	**Gemüsebrühe (gekörnt)**	zufügen und 10 Minuten / Dampfgarstufe / Rückwärtsgang / Stufe 1 auf ca. 1/3 der Füllmenge einkochen. Die Garflüssigkeit mit Hilfe des Siebeinsatzes absieben und anschließend wieder zurück in den Mixtopf füllen.
150 g	**Sahne**	zugeben, 3 Minuten / 100° / Stufe 1 kochen und anschließend 10 Sekunden / Stufe 10 aufschäumen.

Anmerkungen:

- Um die typische Strudelteigstruktur zu erhalten, ist es wichtig, den Teig wirklich ca. 50-mal heftig auf die Arbeitsplatte zu schlagen.
- Der Strudelteig benötigt keine Hefe oder Backpulver.

Rezeptvariante:

- Sofern Sie frischen Spinat verwenden möchten, sollten Sie diesen vor der Verwendung kurz blanchieren.

Camembert-Zucchini-Kuchen

Vorbereitung

300 g	**Zucchini (in Stücken)**	in den Mixtopf geben und 3 Sekunden / Stufe 5 zerkleinern. Die zerkleinerten Zucchini in den Garaufsatz füllen,
500 g	**Wasser**	
1 EL	**Gemüsebrühe**	in den Mixtopf geben, den Mixtopf schließen, den Garaufsatz aufsetzen, Deckel auflegen und 10 Minuten / Dampfgarstufe / Stufe 2 garen. Nach Ablauf der Garzeit den Garaufsatz abnehmen, die Zucchini abkühlen lassen und den Mixtopf säubern. Den Backofen auf 180° Ober-/Unterhitze vorheizen.

Mürbeteig

300 g	**Weizenmehl (Type 405)**	
200 g	**Schmand**	
1 Pr	**Salz**	
70 g	**Margarine**	
1 Pck	**Backpulver**	in den Mixtopf geben, 20 Sekunden / Stufe 5 zu einem Teig verarbeiten und umfüllen. Den Mixtopf reinigen.

Füllung

200 g	**Camembert (in Stücken)**	

150 g	**Kochschinken (in Stücken)**	in den Mixtopf geben und 3 Sekunden / Stufe 5 zerkleinern.
120 g	**Frischkäse (Kräuter)**	
2	**Eier**	
½ TL	**Pfeffer (weiß)**	
1 Pr	**Salz**	zugeben und 10 Sekunden / Rückwärtsgang / Stufe 3 vermischen. Die Zucchini zufügen und 8 Sekunden / Rückwärtsgang / Stufe 4 mit Hilfe des Spatels unterheben.

Fertigstellung

Den Teig in eine gefettete oder mit Backpapier ausgelegte 26er Springform geben, flach drücken und seitlich einen Rand hoch ziehen.
Die Füllung auf den Teig geben und bei 180° im vorgeheizten Backofen ca. 45 Minuten backen.

Anmerkung:

- Dieser herzhafte Kuchen lässt sich gut vorbereiten und ist sehr sättigend.

Rezeptvariante:

- Das Gemüse können Sie nach Belieben austauschen. Gegebenenfalls müssen Sie die Garzeit im Garaufsatz entsprechend anpassen.

Schinkenkugeln, kleine

Den Backofen auf 200° Umluft vorheizen.

125 g	**Weizenmehl (Type 405)**	
1 gestr TL	**Backpulver**	
100 g	**Margarine**	
120 g	**Quark (Magerstufe)**	
100 g	**Schinkenspeck (mager, gewürfelt)**	in den Mixtopf geben, 15 Sekunden / Stufe 5 vermischen und entnehmen.

Jeweils Teig in der Größe von etwa 1 gehäuftem TL abnehmen und zu kleinen Kugeln formen.

Die Kugeln auf ein mit Backpapier ausgelegtes Backblech legen und bei 200° im vorgeheizten Backofen 18 bis 20 Minuten goldbraun backen.

Anmerkungen:

- Falls der Teig zur weiteren Verarbeitung zu sehr kleben sollte, stellen Sie diesen einfach für 30 Minuten in den Kühlschrank. Danach sollte es wunderbar funktionieren.
- Die Teigmenge reicht für ca. 32 Kugeln.

Käsepralinen

1	**Zwiebel (dick)**	in den Mixtopf geben, 6 Sekunden / Stufe 4 zerkleinern und mit dem Spatel nach unten schieben.
20 g	**Butter**	zugeben und 2 Minuten / 100° / Stufe 2 andünsten.
500 g	**Camembert (in Stücken)**	
100 g	**Butter (in Stücken)**	zufügen und 30 Sekunden / Stufe 5 (abwechselnd ca. alle 6 Sekunden im Vorwärts- und Rückwärtsgang) mixen. Die Käsemasse in eine Schüssel umfüllen und ca. 1 Stunde im Kühlschrank fest werden lassen. Mit einem Kaffeelöffel kleine Portionen „abstechen", zu Kugeln rollen und in
	Paprikapulver (edelsüß)	wälzen.

Anmerkungen:

- Sie erhalten je nach Größe ca. 30 bis 40 Pralinen.
- In kleine Papierförmchen für Pralinen gefüllt bereichern diese leckeren Käsepralinen jede Käseplatte.
- Innerhalb von 2 Tagen verzehren, da die Käsepralinen (je nach Zwiebelsorte) dann einen bitteren Nachgeschmack bekommen können.

Rezeptvariante:

- Wälzen Sie die Käsekugeln statt in Paprikapulver in Chilipulver, Pfeffer, Schnittlauchröllchen, ... - was immer Ihnen schmeckt.

Rahmflecken

Teig

320 g	**Wasser**	
20 g	**Hefe**	
2 TL	**Salz**	in den Mixtopf geben und 1 ½ Minuten / 37° / Stufe 2 erwärmen.
1 TL	**Öl**	
400 g	**Weizenmehl (Type 405)**	
100 g	**Roggenmehl (Type 997)**	einwiegen, 5 Sekunden / Stufe 4 vermengen und 3 Minuten / Teigstufe kneten. Den Teig in eine Schüssel umfüllen und 30 Minuten gehen lassen.

Belag

		Den Mixtopf säubern.
200 g	**Schmand**	
150 g	**Saure Sahne**	
125 g	**Crème fraîche**	in den Mixtopf geben und 10 Sekunden / Stufe 3 verrühren.

Fertigstellung

		Den Backofen auf 200° Umluft vorheizen. Aus dem Teig 7 Stücke à ca. 120 g „abstechen“, jeweils zu einer Kugel formen und diese länglich ausrollen. Jeden Teigfladen mit 2 EL Belag bestreichen und gleichmäßig mit
1 Bd	**Lauchzwiebeln (in Röllchen)**	und
250 g	**Schinkenspeck (gewürfelt)**	belegen.

Bei 200° im vorgeheizten Backofen ca. 12 Minuten backen, bis der Boden schön gebräunt ist.

Die noch heißen Fladen mit

Schnittlauch (in Röllchen) ...... garnieren und servieren.

Anmerkung:

- Die Fladen lassen sich sehr gut vorbereiten. Das fertige Backblech einfach bis zum Backen im Kühlschrank aufbewahren.

Spinat-Lasagne

Vorbereitung

600 g	**Spinat (Rahmspinat, tiefgekühlt)**	in den Siebeinsatz füllen und einige Stunden (oder über Nacht) im Kühlschrank auftauen lassen.

Spinatfüllung

100 g	**Parmesan (in Stücken)**	in den Mixtopf geben, 10 Sekunden / Stufe 10 zerkleinern und umfüllen. Den Mixtopf reinigen.
1 – 2	**Knoblauchzehen**	
1	**Zwiebel**	in den Mixtopf geben, 5 Sekunden / Stufe 5 zerkleinern und mit dem Spatel nach unten schieben.
20 g	**Öl**	zugeben und 2 ½ Minuten / Dampfgarstufe / Stufe 1 anschwitzen. Den Rahmspinat sowie
1 EL	**Gemüsebrühe (instant)**	
1 Pr	**Muskat**	
etw	**Salz**	
etw	**Pfeffer**	zufügen, alles 10 Minuten / Dampfgarstufe / Rückwärtsgang / Stufe 1 aufkochen und umfüllen.

Quarkmasse

300 g	**Quark (Magerstufe)**	
130 g	**Sahne**	
etw	**Gemüsebrühe**	

	(instant)	
etw	**Salz**	
etw	**Pfeffer**	in den Mixtopf geben und 10 Sekunden / Stufe 4 glatt rühren. Den Wunderkessel weiter auf Stufe 4 rühren lassen und die Hälfte des geriebenen Parmesans sowie
3	**Eier**	nach und nach durch die Deckelöffnung zugeben.

Fertigstellung

		Den Backofen auf 180° Umluft vorheizen. Eine eckige Auflaufform dünn mit
etw	**Butter**	auspinseln. Einige Löffel der Spinatfüllung dünn auf dem Boden der Auflaufform verteilen, sodass der Boden gut bedeckt ist. Eine Schicht
	Lasagneblätter (vorgekocht)	darüber legen, diese mit der Quarkmasse dünn bestreichen. Spinatmasse, Lasagneblätter und Quarkmasse weiter im Wechsel schichten, bis alles verbraucht ist. Die letzte Schicht sollte mit Spinatfüllung abschließen. Mit dem restlichen Parmesan bestreuen, mit
	Butterflöckchen	belegen und bei 180° im vorgeheizten Backofen ca. 30 Minuten überbacken.

Anmerkungen:

- Selbstverständlich können Sie auch eine ovale oder runde Auflaufform verwenden. Allerdings ist es dann etwas aufwändiger, die Lasagneplatten passend zurechtzubrechen.

- Eventuelle Flüssigkeitsreste der Spinatfüllung einfach mit auf dem Auflauf verteilen.

Rezeptvariante:

- Wenn Sie nur „normalen" Blattspinat im Haus haben, geben Sie einfach 50 g Sahne hinzu und kochen diese mit.

Cantuccini-Crème

500 g	**Sahne (gekühlt)**	in den Mixtopf geben, ca. 30 Sekunden / Stufe 10 steif schlagen und umfüllen.
250 g	**Mascarpone**	
300 g	**Joghurt (natur)**	
80 g	**Zucker**	
10 g	**Amaretto**	in den Mixtopf geben und 20 Sekunden / Stufe 4 verrühren. Die Sahne sowie
1 Do	**Mandarinen (Abtropfgewicht 175 g, ohne Saft)**	zugeben und 15 Sekunden / Rückwärtsgang / Stufe 3 unterrühren. Die Crème mit
500 g	**Cantuccini**	abwechselnd in eine Glasschüssel schichten, dabei jede Schicht Cantuccini mit
etw	**Amaretto**	beträufeln. Die letzte Schicht sollte Crème sein! Mit
1 Do	**Mandarinen (Abtropfgewicht 175 g, ohne Saft)**	garnieren und 6 bis 8 Stunden im Kühlschrank durchziehen lassen.

Anmerkung:

- Dieser Nachtisch gehört eigentlich auf jedes Buffet! Sie werden jede Menge Komplimente ernten!

Toffifee-Pudding

Vorbereitung

1 Pck	**Toffifee (15 Stück)**	im Kühlschrank einige Stunden gut durchkühlen lassen.

Zubereitung

9 Stck	**Toffifee**	in den Mixtopf geben und 10 Sekunden / Stufe 8 zerkleinern. ***Den Rühraufsatz einsetzen!***
10 g	**Caotina noir**	
30 g	**Speisestärke**	
30 g	**Zucker**	
500 g	**Milch**	einwiegen und 6 Minuten / 90° / Stufe 2 (ohne Messbecher) aufkochen. Den Pudding abkühlen lassen, in 6 Gläser (à 100 ml) umfüllen und kalt stellen. Vor dem Servieren mit
je 1 Stck	**Toffifee**	garnieren und genießen.

Anmerkung:

- „Caotina noir" ist ein zartbitteres, kakaohaltiges Getränkepulver mit echter Schweizer Schokolade. Sie finden es in jedem gut sortierten Supermarkt. Alternativ können Sie auch dunklen Backkakao oder zerkleinerte Zartbitterschokolade verwenden.

Rezeptvarianten:

- Bei diesem genialen Rezept können Sie Caotina noir nach Lust und Laune austauschen:
- Wie wäre es z. B. mit zerkleinerten Snickers-Riegeln?

- Auch sehr lecker: 9 Raffaellos und dann nur 250 g Milch und zusätzlich 250 g Kokosmilch verwenden.
- Caotina noir durch Caotina blanc (hell!) oder 10 g zerkleinerte weiße Schokolade austauschen und den Pudding mit Kokosraspeln garniert servieren.
- Noch eine Kokosvariante: 4 zerkleinerte Bounty-Riegel verwenden, dann jedoch den Zucker weglassen.
- Probieren Sie auch einmal eine etwas feinere Variante mit Caotina surfin. Lecker!

Honigkuchen-Tiramisu

100 g	**Zucker**	in den Mixtopf geben und 10 Sekunden / Stufe 10 zu Puderzucker verarbeiten. ***Den Rühraufsatz einsetzen!***
4	**Eigelb**	zufügen und 30 Sekunden / Stufe 3 schaumig schlagen. ***Den Rühraufsatz entfernen!***
750 g	**Mascarpone**	einwiegen und 20 Sekunden / Stufe 5 glatt rühren. Eine Kastenform mit Frischhaltefolie auskleiden, dabei reichlich Folie an den Rändern überstehen lassen. 1/3 der Mascarponecrème einfüllen.
ca. 320 g	**Honigkuchen (in Scheiben)**	darüber legen, mit
etw	**Amaretto**	beträufeln und mit 1/3 der Mascarponecrème bedecken. Weitere
ca. 320 g	**Honigkuchen (in Scheiben)**	darüber legen, ebenfalls mit
etw	**Amaretto**	beträufeln und mit der restlichen Mascarponecrème bestreichen. Alles mit der überstehenden Folie bedecken, andrücken und kalt stellen. Für mindestens 3 – 4 Stunden (am besten über Nacht) im Kühlschrank ziehen lassen. Das Tiramisu ist danach schnittfest und doch zart und cremig.

Serviervorschlag:

- Mit einem Ananasstern aus frischer Ananas und einem selbstgemachten Karamellgitter dekoriert servieren.

- Ananasstern: Eine frische Ananas von Blatt und Stiel befreien, vierteln, den Strunk entfernen und aus der Schale schneiden. Die Viertel in dünne Scheiben schneiden, auf ein Ofenblech geben, mit Kirschwasser beträufeln und mit etwas braunem Zucker bestreuen. Mit Folie bedecken und mindestens 3 Stunden marinieren lassen. Anschließend im Backofen bei voller Oberhitze den Zucker karamellisieren (alternativ einen Bunsenbrenner verwenden). Die Ananasscheiben sternförmig auf dem Teller verteilen. Das Tiramisu in Scheiben schneiden und auflegen.

- Karamellgitter: 100 g Zucker mit 100 g Wasser in einem Topf oder einer Pfanne zu Karamell verkochen (Achtung! Das Karamell rechtzeitig vom Herd nehmen, sonst wird es bitter!). Das Karamell sollte mittelbraun sein. Etwas abkühlen lassen und dann mit einem Löffel oder einer Gabel Gitter auf Backpapier zaubern. Hierzu einfach etwas Karamell entnehmen und auf das Backpapier laufen lassen. Dabei den Löffel oder die Gabel längs und quer schwenken, sodass ein Gitter entsteht. Das abgekühlte Gitter zum Tiramisu geben, mit Puderzucker bestäuben und servieren.

Ritter-Sport-Pudding

100 g	**Ritter-Sport-Schokolade (gekühlt, in Stücken)**	in den Mixtopf geben und 10 Sekunden / Stufe 10 zerkleinern. Mit dem Spatel die Schokolade nach unten schieben. ***Den Rühraufsatz einsetzen!***
500 g	**Milch**	
35 g	**Speisestärke**	
25 g	**Zucker**	zufügen, 6 ½ Minuten / 100° / Stufe 2 kochen und direkt in eine Glasschüssel oder 4 dekorative Gläser füllen.

Anmerkungen:

- Dieser Pudding ist so lecker, dass man gar nicht genug davon bekommen kann. Man kann ihn sowohl warm als auch gekühlt genießen.
- Für die doppelte Menge die Kochzeit auf 8 ½ Minuten erhöhen.
- Sie mögen keinen Pudding „mit Haut"? Kein Problem! Legen Sie sofort nach dem Umfüllen ein Stück Frischhaltefolie direkt auf den noch heißen Pudding.

Rezeptvarianten:

- Verwenden Sie einfach ihre Lieblings-Ritter-Sport-Variante – je nach Lust und Laune.
- Für eine feine Rum-Note nach Ende der Kochzeit noch 2 EL Rum zugeben und kurz auf Stufe 2 unterrühren.
- Mousse au Chocolat-Variante: Verwenden Sie insgesamt 40 g Zucker.

- Cappuccinogeschmack: 1-2 EL Capuccinopulver mit beliebigem Geschmack zugeben.
- Kalorienreduziert: Lassen Sie einfach mal den Zucker komplett weg!
- Sie lieben es süß? Heben Sie frisch geschlagene Sahne unter und dekorieren das Dessert mit einem Klecks Sahne. Tipps zum blitzschnellen, gelingsicheren Sahne-Schlagen ohne Rühraufsatz finden Sie im Bereich „Service“ unseres Shops unter www.wunderkessel-kochbuch.de.

Roti, malaiische

420 g	**Weizenmehl (Type 405)**	
80 g	**Self-Raising-Flour**	
5 g	**Salz**	
30 g	**Öl**	
250 g	**Wasser (kalt)**	in den Mixtopf geben und 2 Minuten / Teigstufe verkneten. Der Teig ist dann richtig, wenn er einen Klumpen gebildet hat und nicht mehr klebt. Gegebenenfalls nachmehlen. 30 Minuten im Mixtopf ruhen lassen, anschließend herausnehmen und in 6 Teile teilen. Den Mixtopf säubern.
50 g	**Butter**	in den Mixtopf wiegen und 2 Minuten / 80° / Stufe 1 schmelzen. Jedes Teigstück mit Hilfe eines Teigrollers auf einer leicht bemehlten Arbeitsfläche etwa messerrückendick ausrollen, mit etwas flüssiger Butter bestreichen und mit
etw	**Weizenmehl (Type 405)**	leicht bestäuben. Nun jedes Teigstück von der langen Seite her eng aufrollen, beide Enden fassen, einrollen – das eine Ende im Uhrzeigersinn und das andere Ende in die entgegengesetzte Richtung, sodass ein S-ähnliches Muster entsteht – und andrücken. Die beiden Hälften über die Mitte aufeinander falten und leicht andrücken.

		Abgedeckt ca. 1 Stunde ruhen lassen.
		Anschließend jedes Teigstück auf einer leicht bemehlten Arbeitsfläche mit Hilfe eines Teigrollers wieder dünn ausrollen.
		Eine Pfanne erhitzen und mit
etw	**Pflanzenöl**...........	so befüllen, dass der Pfannenboden bedeckt ist.
Ca. 1 EL	**Butter**.................	zufügen und die Kochstelle auf ca. 2/3 der Leistung stellen.
		Sobald das Fett heiß ist (Vorsicht! Es kann spritzen!), ein Roti in die Pfanne legen und braten.
		Die Oberseite dabei leicht mit etwas flüssiger Butter aus der Pfanne einpinseln. (Gegebenenfalls noch etwas Butter zugeben und schmelzen.)
		Sobald das Brot anfängt, zu „duften“, sollte es gewendet werden. Wieder so lange braten, bis der typische Roti-Geruch entsteht und noch einmal kurz wenden.
		Das Roti herausnehmen und auf einem mit Küchenpapier ausgelegtem Teller etwas abkühlen lassen.
		Mit den restlichen Teigstücken ebenso verfahren.

Anmerkungen:

- Self-Raising-Flour ist ein „selbst-treibendes-Mehl“, das bereits Triebmittel enthält, sodass keine weitere Zugabe von Hefe oder Backpulver mehr notwendig ist. Sie erhalten dieses Mehl in einem gut sortierten Asia-Laden.
- Durch diese interessante Falttechnik entstehen auf einfache Weise viele blättrige Schichten. Zum besseren Verständnis haben wir für Sie in unserem Shop unter www.wunderkessel-kochbuch.de im Bereich „Service“ Fotos der Teigverarbeitung hinterlegt.

- Zu diesem leckeren Brot isst man in Malaysia traditionell Currygerichte oder auch Linsen. Malaiische Currygerichte sind eher dünnflüssig. Das Brot wird in das Currygericht bzw. die Linsen getunkt. Ein Rezept für ein leckeres Linsenpüree finden Sie ebenfalls in diesem Band.

- Den Teig kann man wunderbar in Ghee ausbacken. Ghee (geklärte Butter = Butterschmalz) gehört in der indischen Küche zu den wichtigsten Speisefetten. In der traditionellen indischen Ayurveda Heilkunde wird ihm eine gesundheitsfördernde und entzündungshemmende Wirkung zugeschrieben. Indisches Ghee hat einen leicht nussigen Geschmack und ist in Asialäden zu beziehen.

Quarkbrot

150 g	**Dinkel**	in den Mixtopf geben und 20 Sekunden / Stufe 10 mahlen.
1 Wü	**Hefe**	
500 g	**Wasser**	
3 TL	**Salz**	
2 TL	**Zucker**	zugeben und 2 Minuten / 37° / Stufe 2 erwärmen.
500 g	**Weizenmehl (Type 1050)**	
250 g	**Quark (Magerstufe)**	
100 g	**Sesam**	
50 g	**Leinsamen**	
50 g	**Sonnenblumenkerne**	einwiegen, 4 Minuten / Teigstufe mit Hilfe des Spatels verkneten und im Mixtopf 30 Minuten gehen lassen. Den Backofen auf 200° Ober-/Unterhitze vorheizen. Den Teig entnehmen und in eine große, gefettete Kastenform füllen. Bei 200° im vorgeheizten Backofen ca. 1 Stunde backen.

Anmerkung:

- Der Teig ist recht klebrig. Sie sollten daher Ihre Backform gut fetten oder mit Backpapier auslegen.

Rezeptvariante:

- Anstelle des Dinkels können Sie die gleiche Menge Weizen oder Weizenschrot verwenden.

Zwiebel-Frischkäse-Brot

Teig

150 g	**Wasser**	
5 g	**Hefe**	
1 TL	**Salz**	in den Mixtopf geben und 1 Minute / 37° / Stufe 2 erwärmen.
280 g	**Weizenmehl (Type 405)**	zugeben, 5 Sekunden / Stufe 4 untermengen und anschließend 5 Minuten / Teigstufe kneten. Den Teig in eine Schüssel umfüllen und abgedeckt ca. 4 Stunden gehen lassen.

Füllung

50 g	**Frischkäse (Kräuter)**	
100 g	**Frischkäse (natur)**	
100 g	**Joghurt (natur, 0,1%)**	
1 Pr	**Salz**	
½ TL	**Pfeffer**	
½ TL	**Thymian (getrocknet)**	in den Mixtopf geben und 10 Sekunden / Stufe 4 vermischen.

Fertigstellung

Den Backofen auf 180° Umluft vorheizen.
Den Teig zu einem Rechteck ausrollen und die Füllung darauf streichen.

2	**Zwiebeln (rot)**	halbieren, in feine Streifen schneiden und darüber verteilen. Die Teigplatte von der kurzen Seite her aufrollen, die „Nahtstelle" gut verschließen und mit der „Nahtstelle" nach unten auf ein mit Backpapier ausgelegtes Backblech legen. Bei 180° im vorgeheizten Backofen auf mittlerer Schiene ca. 20 Minuten backen.

Anmerkungen:

- Bei diesem leckeren Brot benötigen Sie keinen weiteren Belag mehr.
- Aufgrund der geringen Hefemenge kneten wir den Teig 5 Minuten und lassen ihn mindestens 4 Stunden gehen.

Bauernbrot

500 g	**Wasser**	
1 Wü	**Hefe**	in den Mixtopf geben und 2 Minuten / 37° / Stufe 2 verrühren.
800 g	**Weizenmehl (Type 1050)**	
2 TL	**Salz**	
1 TL	**Backmalz**	
1 EL	**Balsamico-Essig (dunkel)**	zugeben und 3 Minuten / Teigstufe kneten. Den Teig im Mixtopf 30 Minuten gehen lassen, dann erneut 3 Minuten / Teigstufe kneten, weitere 30 Minuten im Mixtopf gehen lassen und anschließend nochmals 3 Minuten / Teigstufe verkneten. Den Backofen auf 240° Ober-/Unterhitze vorheizen. Den Teig mit den Händen zu einem länglichen Laib formen, auf ein mit Backpapier ausgelegtes Backblech legen und der Länge nach einschneiden. Bei 240° zunächst 15 Minuten backen. Dann die Backtemperatur auf 200° zurückschalten und weitere ca. 35 Minuten goldbraun backen. Nach Ablauf der Backzeit das Brot mit
etw	**Wasser**	besprühen und noch ca. 2 Minuten im Ofen belassen, bis es glänzt.

Anmerkungen:

- Der Teig geht wunderbar auf. Es kann vorkommen, dass er sogar aus dem Loch des Mixtopfdeckels hervorquillt.
- Backmalz verleiht Brot und Brötchen den besonderen Geschmack. Sie erhalten Backmalz in jeder gut sortierten Mühle oder auch beim Bäcker. Es wird meist aus Gerste und Weizen hergestellt. Durch den Zusatz von Backmalz werden der Hefe leicht verwertbare Nährstoffe zur Verfügung gestellt, die die Gärung beschleunigen, den Teig schön elastisch und dehnbar machen und ihm eine tolle Kruste verleihen. Backmalz lässt sich auch einfach selbst herstellen. Im Bereich „Service" unseres Shops unter www.wunderkessel-kochbuch.de haben wir für Sie eine entsprechende Anleitung eingestellt.
- Besitzen Sie einen Brotbackstein? Dann sollten Sie dieses leckere Brot unbedingt darauf backen. (Bezugsquellen für Brotbacksteine/Backschieber erhalten Sie auf unserer Homepage oder unter info@wunderkessel.de!)

Möhrenbrot, buntes

250 g	**Dinkel**	in den Mixtopf geben und 1 Minute / Stufe 10 mahlen.
200 g	**Möhren (in Stücken)**	zugeben und 5 Sekunden / Stufe 5 zerkleinern.
270 g	**Weizenmehl (Type 1050)**	
50 g	**Leinsamen**	
50 g	**Sonnenblumenkerne**	
50 g	**Kürbiskerne**	
2 TL	**Salz**	
1 TL	**Brotgewürz**	
15 g	**Apfelessig**	
½ Wü	**Hefe**	
10 g	**Honig**	
350 g	**Wasser (lauwarm)**	einwiegen und alles 4 Minuten / Teigstufe kneten. Den Teig in eine gefettete oder mit Backpapier ausgelegte Kastenform füllen und 30 Minuten im auf 50° Ober-/Unterhitze vorgeheizten Backofen gehen lassen. Anschließend die Backtemperatur auf 200° hoch schalten und das Brot ca. 60 Minuten fertig backen.

Anmerkungen:

- Trotz des sich noch im Mixtopf befindlichen, bereits gemahlenen Getreides lassen sich die Möhren wunderbar zerkleinern. Ein vorheriges Umfüllen ist nicht notwendig.
- Der Teig ist sehr klebrig und sollte am besten mit einem nassen Spatel entnommen und in Form gebracht werden.
- Das Brot ist sehr saftig und bleibt lange frisch.

Walnussbaguettes

400 g	**Weizenmehl (Type 405)**	
100 g	**Roggenmehl (Type 1150)**	
250 g	**Wasser (lauwarm)**	
1 Wü	**Hefe**	
1 TL	**Zucker**	
1 ½ TL	**Salz**	
35 g	**Öl**	in den Mixtopf geben und 1 Minute / Teigstufe kneten.
100 g	**Walnüsse**	durch die Deckelöffnung dazuwiegen und weitere 2 ½ Minuten / Teigstufe kneten. Den Teig entnehmen und in 3 Teile teilen. Jedes Teigstück rechteckig ausrollen und von der langen Seite her aufrollen. Auf ein mit Backpapier ausgelegtes Backblech legen, mehrfach schräg einschneiden und zunächst 30 Minuten im auf 50° vorgeheizten Backofen gehen lassen. Die Backtemperatur anschließend auf 200° hoch schalten und ca. 20 Minuten fertig backen.

Rezeptvarianten:

- Noch eine Handvoll Walnüsse auf dem ausgerollten Teig verteilen.
- Oliven statt Walnüsse ergeben einen köstlich mediterranen Geschmack.

Kefirbrot, knuspriges

500 g	**Kefir**	
100 g	**Wasser**	
1 Wü	**Hefe**	
1 TL	**Zucker**	
1 EL	**Salz**	
550 g	**Weizenmehl (Type 405)**	
200 g	**Haferflocken (zart)**	
50 g	**Sonnenblumenkerne**	in den Mixtopf geben und 3 Minuten / Teigstufe kneten. Den Teig in eine gefettete und mit
etw	**Haferflocken (zart)**	ausgestreute 35er Kastenform geben und im auf 50° Ober-/Unterhitze vorgeheizten Backofen 45 Minuten gehen lassen. Die Backtemperatur anschließend auf 200° hoch schalten und das Brot ca. 45 Minuten fertig backen.

Anmerkungen:

- Der Teig ist ziemlich weich.
- Sofern Sie keine 35er Kastenform haben, können Sie das Brot auch in 2 kleineren Kastenformen backen.

Rezeptvariante:

- Statt Kefir können Sie auch Buttermilch verwenden. Das Brot wird dann allerdings völlig anders, aber trotzdem sehr lecker schmecken, da Kefir einen ganz besonderen Geschmack hat.

Orient-Express-Brötchen

		Den Backofen auf 180° Ober-/Unterhitze vorheizen.
350 g	**Weizenmehl (Type 405)**	
250 g	**Joghurt (natur)**	
80 g	**Öl**	
½ TL	**Salz**	
1 Pck	**Backpulver**	in den Mixtopf geben und 1 ½ Minuten / Teigstufe zu einem geschmeidigen Teig verarbeiten. Anschließend zu Brötchen formen und auf ein mit Backpapier ausgelegtes Backblech legen. Die Brötchen mit
	Eigelb	einpinseln, mit
	Saaten (nach Geschmack)	bestreuen und ohne Gehzeit direkt in den auf 180° vorgeheizten Backofen geben und ca. 20 Minuten backen.

Anmerkungen:

- Wie Sie selbst Backpulver ohne „fieses Zungenkribbeln“ herstellen können, haben wir im Bereich „Service“ unseres Shops unter www.wunderkessel-kochbuch.de für Sie in einer entsprechenden Anleitung eingestellt.
- Da die Brötchen keine Gehzeit haben, sind sie wirklich ruck-zuck fertig! Ideal, wenn es mal wieder schnell gehen muss.

Rezeptvariante:

- Anstelle des Eigelbs können Sie die Brötchen auch mit Joghurt einpinseln.

Sandwich-Brötchen

Teig

100 g	**Hafer**	
100 g	**Dinkel**	in den Mixtopf geben, 40 Sekunden / Stufe 10 mahlen und umfüllen.
250 g	**Milch**	
½ Wü	**Hefe**	
1 ½ TL	**Salz**	in den Mixtopf geben und 1 Minute / 37° / Stufe 1-2 erwärmen.
½	**Apfel (in Stücken)**	zugeben und 3 Sekunden / Stufe 5 zerkleinern.
300 g	**Weizenmehl (Type 550)**	
1 TL	**Honig**	
1 TL	**Apfelessig**	sowie das gemahlene Getreide zufügen und 3 Minuten / Teigstufe zu einem geschmeidigen Teig verarbeiten. Den Teig im Mixtopf 30 Minuten ruhen lassen. Wenn der Teig nach der Gehzeit noch zu weich sein sollte, etwas nachmehlen, nochmals durchkneten und erneut einige Minuten ruhen lassen.

längliche Sandwich-Brötchen

Den Teig in 6 Teile à ca. 140 g teilen.
Jeden Teigling zunächst ausrollen und dann von der langen Seite her aufrollen.

Entweder auf ein Baguetteblech oder ein mit Backpapier ausgelegtes Backblech legen.

runde Sandwich-Brötchen

Den Teig in 16 Teile à ca. 50 g teilen.
Die Teiglinge entweder ausrollen oder mit der Hand flach drücken. Dann je 2 gut gemehlte Teigstücke aufeinander legen, aufrollen und mit der Teigkante nach unten auf ein mit Backpapier ausgelegtes Backblech legen.

Fertigstellung

Die Rohlinge mehrfach mit einem scharfen Messer einschneiden und 20 Minuten gehen lassen.
Bei 200° Ober-/Unterhitze im vorgeheizten Backofen die Brötchen ca. 20 Minuten backen.

Anmerkungen:

- Da der Teig sehr gut aufgeht, sollten Sie genügend Platz zwischen den Teiglingen lassen!
- Der Teig lässt sich prima schon am Vorabend zubereiten. Einfach fertig geformt und abgedeckt auf ein Backblech legen, kühl stellen und am Folgetag abbacken.

Buttermilch-Brötchen

		Den Backofen auf 200° Ober-/Unterhitze vorheizen.
300 g	**Dinkel**	in den Mixtopf geben, 1 ½ Minuten / Stufe 10 mahlen und umfüllen.
500 g	**Buttermilch**	
½ Wü	**Hefe**	
25 g	**Backmalz**	zufügen und 2 Minuten / 37° / Stufe 2 erwärmen.
300 g	**Weizenmehl (Type 1050)**	
1 EL	**Salz**	
30 g	**Öl**	
50 g	**Sonnenblumenkerne**	
50 g	**Leinsamen**	
50 g	**Sesam**	
50 g	**Kürbiskerne**	sowie das gemahlene Getreide zugeben und 5 Minuten / Teigstufe kneten. Den Teig umfüllen und abgedeckt ca. 45 Minuten gehen lassen. Anschließend ca. 12 Brötchen „abstechen“, formen und auf ein mit Backpapier ausgelegtes Backblech legen. Die Brötchen mit
	Joghurt (natur)	bestreichen und mit
	Sonnenblumen-Kernen	bestreuen. Bei 200° im vorgeheizten Backofen ca. 25 Minuten backen.

Anmerkung:

- Backmalz verleiht Brot und Brötchen den besonderen Geschmack. Sie erhalten Backmalz in jeder gut sortierten Mühle oder auch beim Bäcker. Es wird meist aus Gerste und Weizen hergestellt. Durch den Zusatz von Backmalz werden der Hefe leicht verwertbare Nährstoffe zur Verfügung gestellt, die die Gärung beschleunigen, den Teig schön elastisch und dehnbar machen und ihm eine tolle Kruste verleihen. Backmalz lässt sich auch einfach selbst herstellen. Im Bereich „Service" unseres Shops unter www.wunderkessel-kochbuch.de haben wir für Sie eine entsprechende Anleitung eingestellt.

Weißbier-Stangen

150 g	**Roggenmehl (Type 997)**	
600 g	**Weizenmehl (Type 1050)**	
1 Wü	**Hefe**	
2 TL	**Salz**	
15 g	**Backmalz**	
½ l	**Weizenbier (hell, kalt)**	in den Mixtopf geben und 5 Minuten / Teigstufe kneten. Den Teig umfüllen und abgedeckt mindestens 24 Stunden im Kühlschrank gehen lassen. Anschließend den Teig in 16 Teile teilen, jedes Teigstück ausrollen, mit
	Wasser	besprühen, aufrollen und mit dem offenen Ende nach unten auf ein mit Backpapier ausgelegtes Backblech legen. Dort nochmals mit
	Wasser	besprühen. Im auf 50° Ober-/Unterhitze vorgeheizten Backofen ca. 20 Minuten gehen lassen. Anschließend die Backtemperatur auf 250° hoch schalten und weitere 20 Minuten backen. Zwischendurch immer wieder mit
	Wasser	besprühen.

Anmerkungen:

- Durch das Weißbier und das Besprühen mit Wasser werden die Brötchen wunderbar knusprig.

- Backmalz verleiht Brot und Brötchen den besonderen Geschmack. Sie erhalten Backmalz in jeder gut sortierten Mühle oder auch beim Bäcker. Es wird meist aus Gerste und Weizen hergestellt. Durch den Zusatz von Backmalz werden der Hefe leicht verwertbare Nährstoffe zur Verfügung gestellt, die die Gärung beschleunigen, den Teig schön elastisch und dehnbar machen und ihm eine tolle Kruste verleihen. Backmalz lässt sich auch einfach selbst herstellen. Im Bereich „Service“ unseres Shops unter www.wunderkessel-kochbuch.de haben wir für Sie eine entsprechende Anleitung eingestellt.

Rezeptvariante:

- Wer mag, kann die Teigrohlinge noch nach Belieben mit Saaten bestreuen.

Simit – Sesamkringel, türkische

600 g	**Weizenmehl (Type 405)**	
1 Wü	**Hefe**	
1 TL	**Zucker**	
2 TL	**Salz**	
350 g	**Wasser**	in den Mixtopf geben, 3 Minuten / Teigstufe kneten, umfüllen und 30 Minuten gehen lassen.
100 g	**Üzüm Pekmezi**	
30 g	**Wasser**	in einem tiefen Suppenteller verrühren.
	Sesam	in einen weiteren Suppenteller füllen.
		Aus dem Teig 10 Kugeln formen.
		Jede Kugel etwas mehlen und auf einer nicht gemehlten Arbeitsfläche zu einer länglichen Wurst rollen.
		Die Enden verbinden, sodass ein Kringel entsteht. Über die Nahtstelle noch kurz mit der Hand rollen, sodass man die Verbindung nicht mehr sieht.
		Die Kringel gleichmäßig in Form ziehen, dann zunächst von beiden Seiten im Üzüm Pekmezi „baden" und anschließend von beiden Seiten in den Sesam legen, sodass die Kringel rundum mit Sesam bedeckt sind.
		Die verbliebene Üzüm Pekmezi-Mischung verwahren. Sie wird später noch gebraucht.
		Jeweils 5 Kringel auf ein mit Backpapier ausgelegtes Backblech legen, gegebenenfalls noch mal in Form

ziehen und dort 15 Minuten ruhen lassen.

In der Zwischenzeit den Backofen auf 200° Umluft vorheizen.

Die beiden Backbleche im vorgeheizten Backofen auf der untersten und der mittleren Schiene ca. 25 Minuten knusprig braun backen.

Von der restlichen Üzüm Pekmezi-Mischung 2 EL abnehmen und mit

2 EL **Sesamöl** .... in einer Tasse vermischen.

Die noch heißen Kringel damit bepinseln.

Anmerkungen:

- Üzüm Pekmezi ist türkischer Traubensirup. Sie erhalten diesen in jedem türkischen Supermarkt. Es gibt verschiedene Arten von Üzüm Pekmezi. Die Mischung zusammen mit dem Wasser sollte nicht zu dünn werden, aber schon so, dass Sie die Teigkringel gut darin „baden" können, sodass diese eine schöne bräunliche Färbung erhalten.
- Die Teigkugeln lassen sich auf einer gemehlten Arbeitsfläche sehr schlecht ausrollen – der Teig rutscht dann zu sehr. Daher werden nur die Teigkugeln gemehlt, nicht aber die Arbeitsfläche.
- Zum besseren Verständnis haben wir für Sie in unserem Shop unter www.wunderkessel-kochbuch.de im Bereich „Service" Fotos der Teigverarbeitung hinterlegt.

Rezeptvariante:

- Sofern Sie kein Sesamöl zur Verfügung haben, können Sie auch anderes „neutrales" Öl verwenden. Mit Sesamöl bekommen die Kringel allerdings einen ganz besonderen Geschmack, für den es sich wirklich lohnt, extra Sesamöl zu kaufen.

Petras Trallala-Aufstrich

Schnittlauch-Variante

1	**Zwiebel**	in den Mixtopf geben und 3 Sekunden / Stufe 5 zerkleinern.
200 g	**Frischkäse (natur)**	
100 g	**Schmand**	
½ Bd	**Schnittlauch (in Röllchen)**	
1 Pr	**Kräutersalz**	
1 Pr	**Pfeffer**	zufügen und 6 Sekunden / Stufe 4 verrühren.

Paprika-Variante

1	**Paprika (rot, in Stücken)**	in den Mixtopf geben und 3 Sekunden / Stufe 4 zerkleinern.
200 g	**Frischkäse (natur)**	
100 g	**Schmand**	
40 g	**Ajvar**	
1 Pr	**Kräutersalz**	
1 Pr	**Pfeffer**	zufügen und 6 Sekunden / Stufe 4 verrühren.

Exotische-Variante

170 g	**Ananas (in Stücken)**	in den Mixtopf geben und 3 Sekunden / Stufe 5 zerkleinern.
200 g	**Frischkäse (natur)**	
100 g	**Schmand**	
1 TL	**Curry**	

1 Pr	**Kräutersalz**	
1 Pr	**Pfeffer**	zufügen und 6 Sekunden / Stufe 4 verrühren.

Erdäpfel-Käs, schneller

1	**Zwiebel**	in den Mixtopf geben, 5 Sekunden / Stufe 5 zerkleinern und mit dem Spatel nach unten schieben.
35 g	**Butter**	einwiegen und 2 ½ Minuten / Dampfgarstufe / Stufe 1 andünsten.
400 g	**Kartoffeln (gekocht, abgekühlt, geviertelt)**	
200 g	**Saure Sahne**	
1 Pr	**Chilipulver**	
1 Pr	**Pfeffer**	
1 Pr	**Muskat**	
1 Pr	**Kreuzkümmel (gemahlen)**	
1 Pr	**Koriander**	
1 TL	**Gemüsebrühe (instant)**	
1 EL	**Kräuter (nach Geschmack)**	
etw	**Salz**	zugeben und 10 Sekunden / Stufe 5 verrühren.

Anmerkung:

- Ideal zur Resteverwertung von Kartoffeln – und so lecker!

Rezeptvarianten:

- Statt der Sauren Sahne Sauerrahm oder Crème fraîche verwenden.
- Kreuzkümmel durch normalen Kümmel tauschen und statt Chilipulver Cayennepfeffer nehmen.

Apfel-Zwiebelschmelz

2	**Zwiebeln (halbiert)**	
1	**Apfel (geschält, entkernt, geviertelt)**	in den Mixtopf geben, 5 Sekunden / Stufe 5 zerkleinern, mit dem Spatel vom Topfrand zum Boden schieben und anschließend 3 Minuten / Dampfgarstufe / Rückwärtsgang / Stufe 1 andünsten.
50 g	**Röstzwiebeln**	
125 g	**Butter**	
½ TL	**Salz**	
etw	**Pfeffer**	zugeben und 3 Minuten / Rückwärtsgang / Stufe 2 unterrühren. Den Aufstrich umfüllen, abkühlen lassen und anschließend kalt stellen, damit er fest wird.

Anmerkungen:

- Dieser herzhafte Aufstrich schmeckt sehr lecker auf frisch gebackenem Brot, z. B. einem unserer Bauernbrote aus Band 2, 3 oder diesem Band.
- Röstzwiebeln können Sie ganz leicht selbst herstellen. Eine entsprechende Anleitung haben wir für Sie im Bereich „Service" unseres Shops unter www.wunderkessel-kochbuch.de eingestellt.

Leberwurst, vegetarische

1 Do	**Kidneybohnen (400 g)**	in ein Sieb schütten, abspülen und abtropfen lassen.
1	**Zwiebel**	in den Mixtopf geben, 5 Sekunden / Stufe 5 zerkleinern und mit dem Spatel nach unten schieben.
1 EL	**Kräuter der Provence**	
20 g	**Olivenöl**	zugeben und 2 ½ Minuten / Dampfgarstufe / Stufe 1 andünsten.
250 g	**Tofu (geräuchert, in groben Stücken)**	
20 g	**Olivenöl**	
½ - 1 EL	**Gemüsebrühe (instant)**	
etw	**Salz**	
etw	**Pfeffer**	sowie die Kidneybohnen zugeben und alles ca. 15 Sekunden / Stufe 6 pürieren, bis eine relativ glatte Masse entstanden ist.

Anmerkungen:

- Entfernen Sie beim Tofu vor der Verarbeitung die härteren Ränder.
- Nicht nur Vegetarier mögen diesen Aufstrich!

Cashewkerncrème, brasilianische

200 g	**Cashewkerne (ungesalzen)**	in den Mixtopf geben und 20 Sekunden / Stufe 10 pürieren.
2 TL	**Meerrettich (aus dem Glas)**	
2 TL	**Senf (mittelscharf)**	
20 g	**Sahne**	
3 – 4 EL	**Petersilie (getrocknet)**	
etw	**Pfeffer**	zugeben und alles ca. 10 Sekunden / Stufe 4 gut verrühren.

Anmerkungen:

- Diese exotische Crème sollte auf keinem Buffet fehlen!
- Wenn Sie die Crème lieber etwas flüssiger mögen, geben Sie einfach mehr Sahne hinzu.

Thunfisch-Aufstrich

1	**Zwiebel**	in den Mixtopf geben, 5 Sekunden / Stufe 5 zerkleinern und mit dem Spatel nach unten schieben.
100 g	**Butter (Zimmertemperatur, in Stücken)**	
2	**Essiggurken**	
2 EL	**Gurkensud**	
60 g	**Schmand**	
5 g	**Zitronensaft**	
10 g	**Senf**	zugeben und 2 Minuten / Stufe 3 verrühren.
1 Do	**Thunfisch (in eigenem Saft)**	zufügen und 1 Minute / Stufe 4 unterrühren.

Anmerkung:

- Der Aufstrich wird im Kühlschrank relativ fest. Gegebenenfalls noch etwas Schmand zugeben und kurz verrühren.

Guacamole – Avocadodipp

3	**Knoblauchzehen**	in den Mixtopf geben, 3 Sekunden / Stufe 6 zerkleinern und umfüllen.
1	**Zwiebel**	in den Mixtopf geben, 3 Sekunden / Stufe 6 zerkleinern und mit dem Spatel nach unten schieben.
40 g	**Olivenöl**	
1 TL	**Salz**	
½ TL	**Pfeffer**	
1 Msp	**Chilipulver**	
1 Pr	**Koriander**	zugeben und 2 ½ Minuten / Dampfgarstufe / Stufe 1 anschwitzen. In der Zwischenzeit
1	**Avocado (ca. 300 g)**	halbieren und den Stein entfernen. Das Fruchtfleisch mit einem Löffel aus der Schale lösen und in den Mixtopf geben.
2	**Strauchtomaten (halbiert)**	
1 EL	**Apfelessig**	
1 TL	**Zitronensaft**	
2 EL	**Saure Sahne**	sowie den Knoblauch zufügen und alles 10 Sekunden / Stufe 5 verrühren.

Anmerkungen:

- Den Dipp mehrere Stunden gut durchziehen lassen.
- Ideal zu mexikanischen Gerichten, z. B. Tacos oder auch Tortilla-Chips.

Salsasauce, feurige

4	**Knoblauchzehen**	
1-2	**Chilischoten (rot, entkernt)**	
2	**Zwiebeln (halbiert)**	in den Mixtopf geben, 5 Sekunden / Stufe 5 zerkleinern und mit dem Spatel nach unten schieben.
10 g	**Öl**	einwiegen und 2 Minuten / Dampfgarstufe / Stufe 1 anschwitzen.
400 g	**Tomaten (in Stücken)**	
250 g	**Paprika (rot, in Stücken)**	zufügen und 6 Sekunden / Stufe 4 zerkleinern.
50 g	**Weißwein-Essig**	
50 g	**Rotwein**	
2 TL	**Gelierzucker (2:1)**	
1 TL	**Johannisbrotkernmehl**	
1-2 TL	**Gemüsebrühe (instant)**	zugeben und 12 Minuten / 100° / Stufe 2 aufkochen.
2-3 TL	**Kräuter (nach Geschmack)**	einfüllen und 6 Sekunden / Stufe 3 untermischen. Die Sauce einen kleinen Moment abkühlen lassen und dann vorsichtig in heiß ausgespülte Einmachgläser füllen, verschließen und einige Minuten auf den Kopf stellen.

Anmerkungen:

- Dosieren Sie die Chilischoten je nach Schärfegrad vorsichtig!
- Vorsicht bei der Verarbeitung der Chilischoten! Waschen Sie sich danach gründlich die Hände und vermeiden Sie den Kontakt mit Ihren Augen! Am besten sogar Handschuhe bei der Verarbeitung anziehen.
- Die Salsa ist ideal zum Grillen, passt aber auch hervorragend zu warmem oder kaltem Fleisch und Fondue, sowie als Ersatz für Tomatenmark auf einer Pizza.
- Tipp! Als Kräuter verwenden wir gerne die „Pizza-Kräutermischung mit Chili" von MADAVANILLA (www.madavanilla.de).

Rezeptvarianten:

- Frische Chilis durch getrocknete Chilischoten austauschen.
- Anstelle der frischen Tomaten können Sie die Salsa auch mit Dosentomaten zubereiten.
- Wenn Sie es nicht ganz so scharf mögen, sollten Sie die Gelierzuckermenge etwas erhöhen.

Tomaten-Paprika-Cashew-Chutney

20 g	**Erdnussöl**	
1 EL	**Sesam**	
1 EL	**Tandoori Masala Currypulver**	
1 TL	**Kreuzkümmelsamen**	in den Mixtopf geben und ca. 2 Minuten / 100° / Stufe 1 erhitzen, bis der Sesam springt.
4	**Knoblauchzehen**	
30 g	**Cashewkerne (ungesalzen)**	
1 Do	**Tomaten (400 g, inkl. Saft)**	
1	**Paprika (rot, geviertelt)**	zugeben und 5 Minuten / 100° / Stufe 1 erhitzen.
1 EL	**Zucker (braun)**	
½ TL	**Salz**	zufügen und alles 6 Sekunden / Stufe 6 pürieren.

Anmerkungen:

- Tandoori Masala Currypulver ist eine indische Gewürzmischung, die im Wesentlichen aus Chilis, Kreuzkümmel und Koriandersamen besteht. Beim Einkauf im Asia-Laden sollten Sie darauf achten, dass keine roten Farbstoffe zusätzlich in dieser Mischung vorhanden sind.
- Das Chutney lässt sich gut in größeren Mengen auf Vorrat zubereiten.
- Wenn die Konsistenz feiner sein soll, einfach längere Zeit auf Stufe 6 pürieren.

Rezeptvarianten:

- Statt Erdnussöl können Sie auch neutrales Pflanzenöl verwenden.
- Sie mögen es scharf? Dann verwenden Sie anstelle des Tandoori Masala Currypulvers 2 Chilischoten, die Sie zunächst im Mixtopf auf Stufe 5 zerkleinern.
- Ersetzen Sie die Dosentomaten durch 300 g frische Tomaten.

Salatsauce nach Oma Monikas Art

1 Bd	**Dill (gezupft)**	
1 Bd	**Schnittlauch (in Röllchen)**	in den Mixtopf geben, 5 Sekunden / Stufe 8 zerkleinern und umfüllen. ***Den Rühraufsatz einsetzen!***
5 Pr	**Pfeffer**	
5 Pr	**Salz**	
10 g	**Zucker**	
60 g	**Öl**	
40 g	**Zitronensaft**	in den Mixtopf füllen und 20 Sekunden / Stufe 4 emulgieren.
200 g	**Sahne**	zufügen und 10 Sekunden / Stufe 4 verrühren. Die zerkleinerten Kräuter wieder zugeben und 10 Sekunden / Stufe 4 untermischen.

Anmerkung:

- Diese einfache, aber doch pfiffige Salatsauce schmeckt herrlich zu grünem Salat, kann aber auch gut als Dipp zweckentfremdet werden.

Rezeptvariante:

- Anstelle der Sahne können Sie auch 10%ige Kondensmilch verwenden.

Kokostorte, weiße

Vorbereitung

1 Tafel	**Schokolade (weiß, mit Kokos)**	in den Gefrierschrank legen.

Biskuitboden

		Den Backofen auf 160° Ober-/Unterhitze vorheizen. ***Den Rühraufsatz einsetzen!***
6	**Eiweiß**	in den Mixtopf geben und 3 Minuten / 70° / Stufe 4 schaumig schlagen.
250 g	**Zucker**	
1 TL	**Vanillezucker (selbst hergestellt)**	durch die Deckelöffnung einrieseln lassen und 2 Minuten / Stufe 3 unterrühren.
6	**Eigelb**	ebenfalls nach und nach durch die Deckelöffnung zugeben – dabei auf Stufe 3 weiterrühren.
125 g	**Weizenmehl (Type 405)**	
125 g	**Speisestärke**	
1 ½ TL	**Backpulver**	zufügen und mehrmals im Intervall Stufe 0 / Stufe 3-4 unterheben. Den Teig in eine mit Backpapier ausgelegte Springform füllen und bei 160° im vorgeheizten Backofen ca. 40 Minuten backen. Den Mixtopf säubern. Nach dem Auskühlen den Ring entfernen und den Boden vorsichtig waagerecht in 2 Böden teilen.

		Den oberen Boden abnehmen und beiseite legen. Den Ring wieder umspannen und den unteren Boden mit
etw	**Kokoslikör**	beträufeln.
10	**Raffaello**	halbieren, mit der Schnittfläche nach unten gleichmäßig einen Ring am Rand der Torte legen und mit
etw	**Kokosraspeln**	bestreuen.

Buttercrème

		Den Rühraufsatz einsetzen!
400 g	**Kokosmilch**	
350 g	**Milch**	
2 Pck	**Puddingpulver (Mandel)**	
150 g	**Zucker**	in den Mixtopf geben und 8 Minuten / 100° / Stufe 2 aufkochen. ***Den Rühraufsatz entfernen!*** Den Wunderkessel auf 3 Minuten / Stufe 3 einstellen und nach und nach
250 g	**Butter (kalt, in Stücken)**	durch die Deckelöffnung zugeben, bis eine glatte Crème entstanden ist.

Fertigstellung

		Die Hälfte der Crème über den Biskuitboden gießen, den oberen Boden auflegen, ebenfalls mit
etw	**Kokoslikör**	beträufeln und mit der restlichen Buttercrème begießen. In den Kühlschrank stellen und erkalten lassen. Sobald die Buttercrème fest geworden ist, die Torte aus dem Kühlschrank nehmen.

		Die tiefgekühlte Schokolade in Stücken in den Mixtopf geben, 8 Sekunden / Stufe 8 fein raspeln und die Torte damit bestreuen.
		Den Tortenring entfernen und die fertige Torte mit
20	**Raffaellos**	rundum dekorieren.

Anmerkungen:

- Diese Torte ist das absolute Highlight für Kokosfans!
- Der Teig ist relativ flüssig.
- Vanillezucker können Sie einfach selbst herstellen. Ein Rezept finden Sie in unserem Band 1. Alternativ entsprechen 2 TL selbst hergestellter Vanillezucker 1 Pck Fertigprodukt.
- Wie Sie selbst Backpulver ohne „fieses Zungenkribbeln“ herstellen können, haben wir im Bereich „Service“ unseres Shops unter www.wunderkessel-kochbuch.de für Sie in einer entsprechenden Anleitung eingestellt.

Rezeptvarianten:

- Anstelle der Kokosmilch insgesamt 750 g Milch verwenden.
- Weiße Schokolade durch andere Schokolade nach Wahl ersetzen, z. B. weiße Pfirsich-Maracuja-Joghurt-Schokolade von Ritter-Sport. Traumhaft lecker!

Schokomuffins, saftige

		Den Backofen auf 160° Umluft vorheizen.
50 g	**Schokolade (edelbitter, z. B. Schwarze Herren von Sarotti)**	in den Mixtopf geben, 5 Sekunden / Stufe 6 grob zerkleinern und umfüllen.
200 g	**Butter (in Stücken)**	in den Mixtopf geben und 3 Minuten / 60° / Stufe 1 schmelzen.
20 g	**Backkakao**	
65 g	**Milch**	einwiegen und 20 Sekunden / Stufe 3 unterrühren.
220 g	**Weizenmehl (Type 405)**	
1 TL	**Backpulver**	
250 g	**Zucker**	
1 Pr	**Salz**	
1	**Vanilleschote (hiervon lediglich das Mark)**	
2	**Eier**	
150 g	**Saure Sahne**	sowie die zerkleinerte Schokolade zufügen und alles 2 Minuten / Teigstufe vermengen. Den Teig in gefettete Muffinförmchen gießen, dabei die Förmchen nur zu 2/3 füllen und bei 160° im vorgeheizten Backofen ca. 25 Minuten backen.

Anmerkungen:

- Der Teig ist recht flüssig.

- Sie können jede beliebige Schokolade mit einem Kakaoanteil von mindestens 60% verwenden.
- Die Muffins sind herrlich schokoladig, super saftig und lange haltbar – sofern sie nicht schon vorher vernascht werden!
- Wie Sie selbst Backpulver ohne „fieses Zungenkribbeln" herstellen können, haben wir im Bereich „Service" unseres Shops unter www.wunderkessel-kochbuch.de für Sie in einer entsprechenden Anleitung eingestellt.

Rezeptvarianten:

- In der Weihnachtszeit: Einen geriebenen Apfel mit in den Teig geben und mit Zimt, Kardamom und Nelken nach Geschmack würzen.
- Für Milcheiweißallergiker: Butter durch Pflanzenmargarine ersetzen, Milch durch Sojamilch austauschen und die Saure Sahne durch Sojajoghurt oder auch Sojasahne ersetzen.
- Anstelle des Zuckers können Sie auch Honig oder Ahornsirup zum Süßen verwenden.
- Wie wäre es mal mit einer Füllung aus 200 g Frischkäse vermengt mit 20 g Honig? Dazu die Muffinförmchen nur zur Hälfte mit Teig füllen, je einen Teelöffel Frischkäse-Füllung darauf verteilen und darüber wieder so viel Teig geben, dass die Förmchen zu 2/3 gefüllt sind.
- Vollwertvariante: Ersetzen Sie das Mehl durch gemahlenen Dinkel, den Zucker durch Honig und erhöhen Sie als Ersatz für die Eier die Menge der Sauren Sahne auf insgesamt 200 g.

Pfirsichkuchen, beschwipst prickelnder

		Den Backofen auf 175° Ober-/Unterhitze vorheizen.

Boden

125 g	**Butter (in Stücken)**	
125 g	**Zucker**	
250 g	**Weizenmehl (Type 405)**	
2 TL	**Vanillezucker (selbst hergestellt)**	
1	**Ei**	
½ Pck	**Backpulver**	in den Mixtopf geben und 40 Sekunden / Stufe 5 verrühren. Den Teig ausrollen, in eine gefettete oder mit Backpapier ausgelegte Springform geben und dabei einen ca. 5 cm hohen Rand ziehen.

Belag

		Den Boden mit
1 Do	**Pfirsiche (in Spalten, Nettogewicht 480 g)**	gleichmäßig belegen.

Prickelnde Crème

		Den Rühraufsatz einsetzen!
2 Pck	**Puddingpulver (Vanille)**	
60 g	**Zucker**	
1 Fl	**Sekt**	in den Mixtopf geben, 8 Minuten / 100° / Stufe 3 kochen, über die Pfirsichspalten gießen und bei 175° im

		vorgeheizten Backofen ca. 50 bis 60 Minuten backen.

Fertigstellung

		Den Kuchen abkühlen lassen. Anschließend
500 g	**Sahne**	
2 Pck	**Sahnesteif**	in den sauberen Mixtopf geben und ca. 40 Sekunden / Stufe 10 steif schlagen. Die Sahne gleichmäßig auf den Kuchen streichen.

Anmerkungen:

- Vanillezucker können Sie einfach selbst herstellen. Ein Rezept finden Sie in unserem Band 1. Alternativ entsprechen 2 TL selbst hergestellter Vanillezucker 1 Pck Fertigprodukt.
- Wie Sie selbst Backpulver ohne „fieses Zungenkribbeln“ herstellen können, haben wir im Bereich „Service“ unseres Shops unter www.wunderkessel-kochbuch.de für Sie in einer entsprechenden Anleitung eingestellt.
- Tipps zum blitzschnellen, gelingsicheren Sahne-Schlagen ohne Rühraufsatz finden Sie im Bereich „Service“ unseres Shops unter www.wunderkessel-kochbuch.de.

Rezeptvariante:

- Pfirsiche durch Spalten von ca. 5-6 Äpfeln austauschen. Diese allerdings während der Zubereitung in Zitronenwasser legen, damit sie nicht braun und unansehnlich werden.

Serviervorschlag:

- Nach Belieben mit Kakaopulver bestreuen oder mit weiteren Früchten garnieren.

Brownies, vegane

Brownies

		Den Backofen auf 210° Ober-/Unterhitze vorheizen.
100 g	**Schokolade (Zartbitter, in Stücken)**	in den Mixtopf geben und 10 Sekunden / Stufe 8 zerkleinern.
500 g	**Weizenmehl (Type 550)**	
250 g	**Rohrzucker (fein)**	
170 g	**Kakao (instant)**	
3 TL	**Backpulver**	
1/3 TL	**Natron**	
1	**Vanilleschote (hiervon lediglich das Mark)**	
1 Pr	**Salz**	
150 g	**Rapsöl**	
750 g	**Sojamilch (Vanille)**	zufügen und 20 Sekunden / Stufe 4 verrühren. Den Teig auf ein mit Backpapier ausgelegtes Backblech streichen und bei 210° im Backofen ca. 20 Minuten backen (Stäbchenprobe!).

Glasur

		Den Mixtopf reinigen und trocknen.
150 g	**Schokolade (Zartbitter, in Stücken)**	in den Mixtopf geben und 10 Sekunden / Stufe 8 zerkleinern.

100 g **Sojamilch (Vanille)** .... dazuwiegen und 4 Minuten / 50° / Stufe 1 schmelzen.

Fertigstellung

Den noch warmen Kuchen mit der Glasur bestreichen und in kleine Quadrate schneiden.

Anmerkungen:

- Diese Brownies sind super saftig und blitzschnell zubereitet. Nicht nur Veganer lieben sie.
- Verwenden Sie Zartbitterschokolade mit einem Kakaoanteil von mindestens 60%, z. B. Schwarze Herren Schokolade von Sarotti.
- Wie Sie selbst Backpulver ohne „fieses Zungenkribbeln“ herstellen können, haben wir im Bereich „Service“ unseres Shops unter www.wunderkessel-kochbuch.de für Sie in einer entsprechenden Anleitung eingestellt.

Rezeptvariante:

- Keine Vanillestange im Haus? Nehmen Sie stattdessen 10 g Vanillezucker. Vanillezucker können Sie übrigens einfach selbst herstellen. Ein Rezept finden Sie in unserem Band 1.

5-Minuten-Kirschstreusel

		Den Backofen auf 200° Ober-/Unterhitze vorheizen.
330 g	**Weizenmehl (Type 405)**	
160 g	**Zucker**	
2 ½ TL	**Backpulver**	
10 g	**Vanillezucker (selbst hergestellt)**	
1 Pr	**Salz**	
130 g	**Butter (Zimmertemperatur, in Stücken)**	in den Mixtopf geben und 20 Sekunden / Stufe 4 zu Streuseln verarbeiten. 2/3 der Streusel in eine gefettete oder mit Backpapier ausgelegte Springform füllen und als Boden andrücken.
2 GL	**Sauerkirschen (gut abgetropft)**	darauf verteilen, mit den restlichen Streuseln bedecken und bei 200° im vorgeheizten Backofen ca. 40 Minuten backen.

Anmerkungen:

- Schneller geht es kaum. Dieser Kuchen ist wirklich blitzschnell zubereitet.
- Wie Sie selbst Backpulver ohne „fieses Zungenkribbeln" herstellen können, haben wir im Bereich „Service" unseres Shops unter www.wunderkessel-kochbuch.de für Sie in einer entsprechenden Anleitung eingestellt.
- Vanillezucker können Sie einfach selbst herstellen. Ein Rezept finden Sie in unserem Band 1. Alternativ entsprechen 2 TL selbst hergestellter Vanillezucker 1 Pck Fertigprodukt.

Rezeptvarianten:

- Anstelle der Kirschen schmeckt der Kuchen auch mit ganz dünn geschnittenen Äpfeln, Apfelmus, Mandarinen, Bananen, Rhabarber oder auch Pfirsichen. Sehr lecker ist auch eine Kombination aus Früchten.
- Mit Vanillepudding gefüllt ebenfalls sehr schmackhaft.
- Für ein knuspriges Ergebnis: Die Hälfte des Mehls durch gemahlene Mandeln ersetzen.

Serviervorschläge:

- Noch warm mit einem Klecks Sahne serviert sehr lecker, aber auch kalt hervorragend.
- Sehr lecker auch mit Schokostreuseln bestreut.

Zwetschgenkuchen mit Vanillerahmguss

Teig

20 g	**Hefe**	
60 g	**Zucker**	
200 g	**Milch**	in den Mixtopf geben und 3 Minuten / 37° / Stufe 1 erwärmen.
500 g	**Weizenmehl (Type 405)**	
1	**Ei**	
3 EL	**Rum (braun)**	
1 Pr	**Salz**	
½	**Bio-Zitrone (davon die abgeriebene Schale)**	
½	**Bio-Orange (davon die abgeriebene Schale)**	
50 g	**Butter**	in den Mixtopf geben, 3 Minuten / Teigstufe kneten, umfüllen und 20 Minuten gehen lassen. Den Mixtopf säubern.

Rahmguss

100 g	**Zucker**	
200 g	**Sahne**	
200 g	**Schmand**	
1 Pck	**Puddingpulver (Vanille)**	
1 EL	**Rum**	
1	**Ei**	in den Mixtopf geben, 30 Sekunden / Stufe 4 vermischen, umfüllen und beiseite stellen.

Fertigstellung

Den Backofen auf 170° Umluft vorheizen.
Den Teig kurz mit der Hand noch einmal durchkneten und auf einem tiefen, gefetteten oder mit Backpapier ausgelegtem Backblech ausrollen.

ca. 1,5 kg **Zwetschgen (entkernt)** .... ziegelartig auf dem Teig verteilen.
Bei 170° im vorgeheizten Backofen zunächst 25 Minuten backen.
Dann den Rahmguss auf dem Kuchen verteilen und weitere 10 bis 15 Minuten bei 170° fertig backen.

Anmerkung:

- Wenn die Zwetschgen noch etwas sauer sind, nach dem ersten Backvorgang etwas Zucker (evtl. mit Zimt vermischt) darüber streuen. (Nicht vorher, sonst ziehen die Früchte zu viel Saft!)

Rezeptvarianten:

- Verwenden Sie Zitroback anstelle der abgeriebenen Zitronen- und Orangenschale.
- Anstelle von Rum können Sie etwas Rumaroma nehmen.
- Der Kuchen schmeckt auch mit anderen Obstsorten sehr lecker. Probieren Sie mal eine Variante mit Kirschen, Äpfeln oder auch Pfirsichen.

Schwarzwälderkirsch-Schnitten

Boden

		Den Backofen auf 200° Ober-/Unterhitze vorheizen. ***Den Rühraufsatz einsetzen!***
120 g	**Weizenmehl (Type 405)**	
50 g	**Kakao (instant)**	
170 g	**Zucker**	
3	**Eier**	
2 TL	**Backpulver**	
80 g	**Öl**	
80 g	**Wasser**	in den Mixtopf geben und 10 Sekunden / Stufe 3 vermischen. Einen rechteckigen Backrahmen auf ein mit Backpapier ausgelegtes Backblech legen, den Teig einfüllen und glatt streichen. Bei 200° im vorgeheizten Backofen ca. 15 Minuten backen und auskühlen lassen. Aus
120 g	**Weizenmehl (Type 405)**	
50 g	**Kakao (instant)**	
170 g	**Zucker**	
3	**Eier**	
2 TL	**Backpulver**	
80 g	**Öl**	
80 g	**Wasser**	wie oben angegeben einen 2. Boden herstellen und abbacken.

Füllung

		Den Mixtopf säubern. ***Den Rühraufsatz einsetzen!***
2 Gl	**Sauerkirschen (à 750 ml, inkl. Saft)**	
2 Pck	**Puddingpulver (Vanille)**	
etw	**Kirschwasser**	in den Mixtopf geben, 9 Minuten / 90° / Rückwärtsgang / Stufe 2 kochen und etwas abkühlen lassen.

Fertigstellung

		Den ersten Boden mit
etw	**Kirschwasser**	tränken, die Kirschfüllung darüber geben. Den zweiten Boden ebenfalls mit
etw	**Kirschwasser**	tränken, auf die Füllung legen, fest andrücken und im Kühlschrank erkalten lassen. Den Mixtopf säubern.
600 g	**Sahne**	
3 Pck	**Sahnesteif**	in den Mixtopf geben, ca. 40 Sekunden / Stufe 10 steif schlagen und auf den zweiten Boden streichen. Mit
etw	**Kakao (instant)**	bestäuben.

Anmerkungen:

- Wie Sie selbst Backpulver ohne „fieses Zungenkribbeln" herstellen können, haben wir im Bereich „Service" unseres Shops unter www.wunderkessel-kochbuch.de für Sie in einer entsprechenden Anleitung eingestellt.
- Tipps zum blitzschnellen, gelingsicheren Sahne-Schlagen ohne Rühraufsatz finden Sie im Bereich „Service" unseres Shops unter www.wunderkessel-kochbuch.de.

Tränchen-Torte

Den Backofen auf 160° Ober-/Unterhitze vorheizen.

Boden

250 g	**Weizenmehl (Type 405)**	
1 TL	**Backpulver**	
75 g	**Zucker**	
1 TL	**Vanillezucker (selbst hergestellt)**	
1	**Ei**	
100 g	**Butter**	in den Mixtopf geben und 2 Minuten / Teigstufe verkneten. Den Teig in eine gefettete oder mit Backpapier ausgelegte Springform geben, glatt drücken und einen Rand ziehen. Den Boden mit einer Gabel mehrmals einstechen. Den Mixtopf säubern.

Belag

2 Do	**Mandarinen (abgetropft)**	auf dem Boden verteilen.
100 g	**Milch**	
1 Pck	**Puddingpulver (Vanille)**	in den Mixtopf geben und 5 Sekunden / Stufe 7 verrühren.
500 g	**Quark (Magerstufe)**	
80 g	**Zucker**	
1 TL	**Vanillezucker (selbst hergestellt)**	
3	**Eigelb**	

75 g	**Öl**	
150 g	**Milch**	zugeben, 1 Minute / Stufe 5 verrühren.

Fertigstellung

Die Füllung gleichmäßig über die Mandarinen geben und bei 160° im vorgeheizten Backofen ca. 50 Minuten backen.
Den Mixtopf säubern.

Kurz vor Ende der Backzeit

Den Rühraufsatz einsetzen!

3	**Eiweiß**	
100 g	**Zucker**	in den Mixtopf geben und 2 Minuten / 50° / Stufe 4 zu Eischnee schlagen. Nach Ablauf der Backzeit den Eischnee auf die noch heiße Torte geben und diese weitere 10 Minuten bei 160° Ober-/Unterhitze goldgelb backen.

Anmerkungen:

- Wie Sie selbst Backpulver ohne „fieses Zungenkribbeln" herstellen können, haben wir im Bereich „Service" unseres Shops unter www.wunderkessel-kochbuch.de für Sie in einer entsprechenden Anleitung eingestellt.
- Vanillezucker können Sie einfach selbst herstellen. Ein Rezept finden Sie in unserem Band 1. Alternativ entsprechen 2 TL selbst hergestellter Vanillezucker 1 Pck Fertigprodukt.

Rezeptvariante:

- Für eine kalorienreduzierte Variante die Zucker- und Ölmenge nach Gefühl um ca. 1/3 reduzieren und statt Quark die gleiche Menge 1,5%igen Joghurt verwenden.

Zebra-Kuchen

		Den Backofen auf 170° Ober-/Unterhitze vorheizen. ***Den Rühraufsatz einsetzen!***
6	**Eiweiß**	in den Mixtopf geben, 3 Minuten / 50° / Stufe 3 zu Eischnee schlagen und umfüllen. ***Den Rühraufsatz im Topf lassen!***
6	**Eigelb**	
120 g	**Wasser**	
2 TL	**Vanillezucker (selbst hergestellt)**	
250 g	**Zucker**	in den Mixtopf geben und 2 Minuten / Stufe 4 aufschlagen.
250 g	**Öl**	
380 g	**Weizenmehl (Type 405)**	
1 Pck	**Backpulver**	zugeben und 20 Sekunden / Stufe 2 unterrühren. Den Eischnee zufügen und 10 Sekunden / Stufe 3 unterrühren. Die Hälfte des Teiges umfüllen.
30 g	**Kakao (instant)**	zum restlichen Teig geben und 10 Sekunden / Stufe 3 verrühren. In eine gefettete oder mit Backpapier ausgelegte Springform immer in die Mitte jeweils abwechselnd einen Klecks dunklen und hellen Teig geben, bis beide Teige völlig aufgebraucht sind. Bei 170° im vorgeheizten Backofen ca. 50 Minuten backen.

Anmerkungen:

- Je größer die Teigkleckse sind, umso breiter werden die Streifen.

- Wer mag, kann den kalten Kuchen noch mit Schokoladenglasur bestreichen. Ein Rezept hierzu finden Sie ins unserem Band 5.
- Vanillezucker können Sie einfach selbst herstellen. Ein Rezept finden Sie in unserem Band 1. Alternativ entsprechen 2 TL selbst hergestellter Vanillezucker 1 Pck Fertigprodukt.
- Wie Sie selbst Backpulver ohne „fieses Zungenkribbeln" herstellen können, haben wir im Bereich „Service" unseres Shops unter www.wunderkessel-kochbuch.de für Sie in einer entsprechenden Anleitung eingestellt.

American Cream Scones

		Den Backofen auf 210° Ober-/Unterhitze vorheizen.
250 g	**Weizenmehl (Type 405)**	
1 TL	**Backpulver**	
¼ Wü	**Hefe**	
1 Pr	**Salz**	
3 EL	**Zucker**	
75 g	**Butter**	in den Mixtopf geben und 1 Minute / Stufe 3 zu Bröseln verarbeiten. Anschließend auf 2 Minuten / Teigstufe einstellen und
200 g	**Saure Sahne**	
1 EL	**Essig**	
100 g	**Cranberries (getrocknet)**	durch die Deckelöffnung zugeben. Den Teig auf einer leicht bemehlten Arbeitsfläche mit der Hand flach drücken, bis er noch ca. 2 cm dick ist. Mit einem Glas Teigkreise ausstechen und diese auf ein mit Backpapier ausgelegtes Backblech legen.
1	**Ei**	in einer Tasse verquirlen, die Scones damit bestreichen und bei 210° im vorgeheizten Backofen ca. 15 Minuten backen.

Anmerkungen:

- Die Scones können Sie wunderbar auf dem Toaster oder im Backofen nochmals aufwärmen.
- Wie Sie selbst Backpulver ohne „fieses Zungenkribbeln“ herstellen können, haben wir im Bereich „Service“ unseres Shops unter

www.wunderkessel-kochbuch.de für Sie in einer entsprechenden Anleitung eingestellt.

Rezeptvarianten:

- Keine frische Hefe im Haus? Kein Problem! Verwenden Sie stattdessen 1 TL Trockenhefe. (Wussten Sie übrigens, dass man Frischhefe auch wunderbar einfrieren kann?)
- Die Cranberries können durch beliebiges Trockenobst ersetzt werden.

Serviervorschlag:

- Am besten noch warm z. B. mit etwas Butter servieren.

Bärlauch-Pesto

50 g	**Pinienkerne**	
50 g	**Pecorino (oder Parmesan)**	in den Mixtopf geben, 10 Sekunden / Stufe 10 zerkleinern und umfüllen.
100 g	**Bärlauch (ohne Stiele)**	in den Mixtopf geben und 5 Sekunden / Stufe 7 zerkleinern.
10 g	**Salz**	sowie die Pinienkerne-Käse-Mischung zufügen, den Mixtopf schließen, auf Stufe 5 schalten und
100 g	**Olivenöl**	langsam durch die Deckelöffnung einlaufen lassen, bis eine homogene Masse entstanden ist. In kleine Schraubgläser umfüllen und im Kühlschrank aufbewahren.

Anmerkung:

- Im Kühlschrank aufbewahrt ist das Pesto ca. 1 Jahr haltbar.

Serviervorschläge:

- Pasta mit Bärlauch-Pesto – einfach nur köstlich!
- Probieren Sie mal Frischkäse mit etwas Bärlauch-Pesto vermischt auf Pizza. Noch geriebenen Käse drüber und ab in den Ofen. Sehr lecker!

Bärlauch-Paste

200 g	**Öl**	
20 g	**Salz**	
200 g	**Bärlauch**	
	(ohne Stiele)	in den Mixtopf geben, zunächst 15 Sekunden / Stufe 5 mit Hilfe des Spatels zerkleinern und anschließend 15 bis 20 Sekunden / Stufe 8 pürieren. In kleine Schraubgläser umfüllen und im Kühlschrank aufbewahren.

Anmerkungen:

- Im Kühlschrank aufbewahrt ist die Paste ca. 1 Jahr haltbar.
- Nutzen Sie Bärlauch-Paste für Salatsaucen, zum Fleischanbraten, für Grillmarinaden, Bärlauch-Butter, zum Verfeinern von Frischkäse, Quark und mehr. In der Regel reicht ca. 1 TL zum Würzen.

Chili-Grundstock

ca. 50 g	**Chilischoten (frisch, geputzt, entkernt, gewaschen, in Stücken)**	
40 g	**Salz**	
25 g	**Olivenöl**	in den Mixtopf geben und 10 Sekunden / Stufe 5 zerkleinern. In ein Schraubglas umfüllen und im Kühlschrank aufbewahren.

Anmerkungen:

- Vorsicht bei der Verarbeitung der Chilischoten! Waschen Sie sich danach gründlich die Hände und vermeiden Sie den Kontakt mit Ihren Augen! Am besten sogar Handschuhe bei der Verarbeitung anziehen.
- Dieser Grundstock eignet sich hervorragend zum Würzen von Speisen. Nur seien Sie vorsichtig bei der Dosierung!

Rezeptvarianten:

- Nicht ganz so scharf sind Peperoni.
- Statt frischen Chilischoten können Sie auch haltbare aus dem Glas verwenden. Diese brauchen Sie dann lediglich noch zu entkernen und in Stücke zu schneiden.

Abkürzungsverzeichnis

Bd	Bund
Be	Becher
Do	Dose(n)
EL	Esslöffel
Fl	Flasche(n)
etw	etwas
g	Gramm
geh	gehäuft(e)
gestr	gestrichen
Gl	Glas
gr	groß(e)
Hd	Handvoll
jew	jeweils
kl	klein(e)
l	Liter
MB	Messbecher (voll – 100 ml, halbvoll – 50 ml)
Msp	Messerspitze(n)
ml	Milliliter
Pck	Päckchen
Pr	Prise(n)
Sch	Schuss
Schei	Scheibe(n)
Schl	Schluck
Sp	Spritzer
St	Stange(n)
Stck	Stück(e)
Ta	Tasse(n)
TK	Tiefkühl
TL	Teelöffel
Tr	Tropfen
Tü	Tüte(n)
Tu	Tube(n)
VEG	Bei diesem Rezept handelt es sich um ein vegetarisches Rezept, bzw. beinhaltet es eine vegetarische Variante!
Wü	Würfel

Stichwortverzeichnis

Impressum

Rezeptauswahl, Texte und Gestaltung:
Barbara Böing und Melanie Winkler-Vorbeck
E-Mail: shop@wunderkessel.de

Druck:
RHIEM Druck GmbH, Voerde

1. Auflage Juni 2011

An Gut Forensberg 42, 52134 Herzogenrath
Tel.: 01805 - 31 21 00
(0,14 €/Min. aus dem Netz der T-Com,
ggf. abweichender Mobilfunktarif))
Internet: http://www.wunderkessel.de/
E-Mail: shop@wunderkessel.de

Alle Angaben in diesem Buch wurden von den Autoren sorgfältig erarbeitet und zusammengestellt. Da wir auch nur Menschen sind, können wir Fehler nicht ganz ausschließen. Wir weisen daher ausdrücklich darauf hin, dass weder eine Garantie noch die juristische Verantwortung oder irgendeine Haftung für Folgen, die auf fehlerhafte Angaben zurückgehen, übernommen werden kann.
Die im Buch verwendeten Markennamen der jeweiligen Firmen unterliegen im Allgemeinen warenzeichen-, marken- oder patentrechtlichem Schutz.